지금 나를 위로하는 중입니다

그린이 **차이싱위엔**蔡杏元

그림으로 자신과 대화하며, 현재는 고양이와 함께 살고 있다.

상처를 치유하고
무너진 감정을 회복하는
심리학 수업

지금
나를

위로하는 중입니다

쉬하오이 지음 ㅣ 김은지 감수 ㅣ 최인애 옮김

가끔은 힘내지 않아도 된다는 말이
간절히 필요할 때가 있다

마음책방

나를 있는 모습 그대로 받아주는 사람을 이미 만났다면
더할 나위 없이 감사한 일이다.
그러나 만나지 못했다 해도 괜찮다.
이 역시 정상이다.

• • •

사실 우리 곁에는 이미 나를 잘 이해하고
조건 없이 받아들여 줄 사람이 있다.
바로 나 자신이다.

내가 힘들 때
누가 날 위로해주지?

바로 나 자신입니다

책을 다 읽은 후 내 마음속에는 따뜻한 무언가가 흐르고 있었다. 그 따뜻함의 정체는 '위로'였다. 이 책이 다른 책과 특별히 구별되는 점은 심리학 교수이자 상담가인 쉬하오이 저자가 자신의 사례를 심리 공부 재료로 내놓았다는 것이다. 나 역시 스무 해 넘는 세월을 상담자로 살지만, 듣는 역할만 해도 되는 상담자가 벌거벗은 자신의 이야기를 바닥까지 드러내면서 '우리 모두 힘들고 아프다'는 보편성으로 독자들을 깊이 위로하는 용기에 큰 감동을 받았다. 이 세상에 나만큼 힘든 사람이 없을 것 같은 외로운 시간에 나처럼 똑같이 힘들어하는 사람을 발견하는 것만큼 큰 위로는 없다.

저자 쉬하오이는 감정들을 결코 허투루 넘기는 법이 없다. 감정의 배후에 과연 무엇이 있는지를 제대로 파악하는 일이 가장 중요하며, 자기 자신을 명확하게 깨닫고 나면 어떻게 말하고 행동해야 하는지, 또 어떻게 해야 후회가 남지 않을지를 일깨워준다. 그녀는 자신과 내담자의 진짜 속마음을 알 때까지 집요하게 파고드는 과학자이며, 인간의 심오한 마음 세계를 자유롭게 넘나드는 여행자이고, 감정의 밑바닥까지 통찰해서 영민하게 언어로 표현해내는 시인이다.

저자의 일기장을 훔쳐보듯, 어린 시절 부모, 친구, 동료와의 갈등을 읽으면서 잊었던 과거가 떠올랐고, 마음 구석 층층이 쌓이고 얽혀 있던 복잡한 감정들을 하나씩 꺼내 보았다. '맞아. 나도 그랬었지. 그때 내 마음은 이런 것이었구나! 내게 이런 욕구와 갈망이 있었는데, 그게 채워지지 않아서 외롭고 힘든 것이었구나!' 마치 일기를 공유하듯 저자의 가이드에 따라 과거의 불쾌한 경험과 기억을 외면하지 않고 이해함으로써 진짜 나에게 다가가는 감정 여행을 할 수 있었다.

책을 읽으면 알게 될 것이다. 저자가 오랜 세월 부모로부터 느꼈던 치열한 감정과 남편과 아이에게 느꼈던 복잡한 감정이 바로 나 자신을 그토록 힘들게 했던 감정이었음을. 그녀가 만난 수많은 내담자의 이야기가 데칼코마니처럼 나와 닮았다는 것을. 결국 이 책은 누구의 이야기가 아닌 지독히 나의 이야기라는 것을.

그래서 한 편의 감동 드라마처럼 어느 대목에서는 '맞아! 그렇지' 무릎을 치며 공감했다가, 작가의 아팠던 경험과 닮은 마음속 깊은 내 상처와 마주하게 되어 가슴이 먹먹해져 아팠다가, 겹겹이 쌓인 감정들을 들추어 보고 보듬고 '괜찮아' 토닥거리며 애도하면서, 그렇게 그녀의 감정 솔루션으로 따뜻한 위로를 받았다.

저자는 '그 사람이 나를 왜 그렇게 대했나'에서 '나는 왜, 그 사람이 나를 그렇게 대하도록 내버려 두었나'에 집중하고 있다. 또한 우리가 호소하는 감정이 사실은 껍데기이고, 알맹이는 전혀 다른 것이며, 진짜를 발견해야 한다고 한다.

나도 긴 세월 상담을 하면서, 많은 내담자가 상대방을 강렬하게 원망하지만 사실은 방어하지 못하고 대꾸도 못 하는 자신을 더 미워하는 것을 자주 보았다. 사실 이를 인정하는 것이 여간 불편한지라, 대부분이 상대 탓이라고 우기고 내면에서 출렁거리는 진실을 외면하곤 한다.

저자는 자신이 통제할 수도 없는 상대를 향해 고정된 초점에서 벗어나 나에게서 해답을 찾자고 북돋고 있다. 온갖 모습으로 나타나 삶에 영향을 주는 감정들에 대해 '과연 진짜 나의 감정이 무엇인가?'라고 집요하게 반문하면서 진실과 직면시키고 있다. 비록 자신의 감정과 마주하는 외로움은 고되고 아프지만 해답을 찾는 과정은 오롯이 자신의 몫이다. 그 해답을 찾아야만 강력한 상처가 담담한 기억으로 변할 수 있다.

저자는 말한다. 자신을 통찰할 때 비로소 '제대로 살아가는 법'을 배울 수 있으며, 이를 극복한 힘으로 용감하게 미래를 헤쳐나갈 수 있다고. 후회의 감정을 제대로 극복하려면 반드시 '새로운 정리'가 필요하다. 즉 그때 자신이 왜 그렇게 했는지 혹은 왜 그렇게 하지 않았는지, 과거의 자신은 어떤 사람이었는지, 어떤 상황에 처해 있고 무엇을 어쩔 수 없었는지 하나씩 돌아봐야 한다. 그래서 자신에게 상처를 준 그 사람과 화해하는 것보다 과거의 자신을 만나 화해해야 한다. 상처 받은 어린 자신을 먼저 위로하고 도와야 한다. 그렇게 과거를 외면하지 않고 마주할 때 비로소 어린 자신과 함께 성장할 수 있다.

심리학자가 쓴 책들이 낯선 전문 용어들로 인해 어렵고 거리감이 들기 쉬운데, 저자 쉬하오이는 그런 면에서 다분히 친절하다. 독자들이 이해하기 쉽도록 각각의 내용에 맞는 '심리 효과'들을 구체적으로 제시해서, 내가 지금 심리적으로 무엇 때문에 힘든지, 놓친 부분은 무엇인지 알도록 하였다. 또한 용기 있게 치부를 드러낸 저자의 생생한 이야기 안에서 삶의 접점을 만나고 거기에서 찾은 지혜로 걸어가야 할 방향을 길을 알려주고 있다.

한 명의 독자로서 이제는 이해한다. 내가 결코 이해하지 못했던 그들도 자신의 생존을 위한 선택이었으며, 원하지 않았던 '운명'들도 결국 고유한 '나다움'으로 단련시키는 훈련이었다는 것을. 그리고 세상에서 제일 중요한 사람은 바로 나 자신이므로 먼저 나 자신의 마음을 존중해야 한다는 것을. 내 곁에는 이미 나를 잘 이해하고 조건 없이 받아들여 줄 사람이 있다는 것을. 그건 바로 나 자신이라는 것을 말이다.

김은지

상담심리 전문가
심리 칼럼니스트

"나 여기 있어요.", "나 여기 있단 말이에요." 이 외침은 진정한 나 자신을 이해하는 말이 되었다. 지금도 그날이 또렷이 기억난다. 대학원에서 상담 공부를 하고 있던 4월 어느 날, 햇살이 따뜻하게 비치는 도서관에서 공부하기 전에 잠시 생각에 잠겨 있었다. 순간 내면의 깊은 곳에서 4살로 보이는 어린 아이가 무대 위에 홀로 서 있는 것이 보였다. 아이에게 다가갔고 표정을 살피었다. 시무룩했다. 아이의 목소리에 귀 기울이는 순간, 이 두 마디의 짧은 외침이 들렸다. 그러나 주변에는 이 소리에 귀 기울이는 사람이 아무도 없었다. 너무나 슬프고 가슴 아팠다.

관심의 욕구는 감정의 뿌리가 되어 때로는 순기능적으로, 때로는 역기능적으로 삶에 영향을 미친다. 상담이 삶이며 소명이 된 지금, 이러한 감정의 소용돌이를 극복하고 해결해 가는 과정이 있었기에 지금의 내가 되었음을 알게 되었다.

이 책은 내 안 깊숙이 머물러 있던 마음을 감정이란 거울을 통해 스스로 내면의 목소리에 귀 기울 수 있는 기회를 선사한다. 또한 이를 통해 고여 있고 묶여 있는 사고의 틀을 깨고 그동안 나를 괴롭히고 옭아매던 감정으로부터 벗어나 넓은 자유를 찾아갈 수 있도록 안내하며, 이전에 경험하지 못했던 행복을 만끽하게 해준 고마운 책이다. - 이경란 한국상담심리학회 상담심리전문가

처음부터 끝까지 푹 빠져서 읽었다. 쉽게 읽혀 가벼운 책인가 했는데, 다 읽은 후의 뒷맛은 묵직했다. 그리고 깨달았다. 환상이든 현실이든, 그 모두가 결국은 각자 살아남기 위한 방법이라는 것을. - 하이타이슝(海苔熊), 심리학자

나는 그녀가 여전히 세상을 따스한 시선으로 바라본다는 점에 탄복했다. 모두가 가족에게서 받은 '정서적 괴로움'에 대해서만 이야기할 때, 그녀는 그 괴로움 이면에 숨은 사랑의 요소를 찾아내며 희망의 메시지를 전한다. – 위즈아이(御姊愛), 작가

당신의 것일 수도, 나의 것일 수도 있는 이야기를 전하며 작가는 끝까지 동행자로서의 역할을 잊지 않는다. 또한 우리의 고민을 모두 포용하고 이해하며, 세세한 아픔과 당혹감까지 짚어내며 위로한다. – 아이리(艾莉), 작가

내 자식보다 내 부모를 수용하고 받아들이기가 훨씬 힘든 것은, 자식에게 상처를 준 사람이 나이듯이 내게 상처를 준 사람이 부모이기 때문이다. 우리가 할 수 있는 일이라고는 그저 내 안에 인내심과 참을성, 측은지심을 기를 수 있도록 단련에 단련을 거듭하는 것뿐이다. – 장만쮀(張曼娟), 작가

저자는 현학적이고 어려운 심리학 용어 대신 편하게 읽을 수 있는 이야기를 통해 독자가 심리학과 친구가 될 수 있는 길을 열었다. – 자오원타오(趙文滔), 국립타이베이 교육대학교 심리학과 교수 겸 가족치료 전문가

차 례

Part 1

옭아매는 감정
나만의 생각으로 바라보다

Part 2

괴롭히는 감정
—
내 안에 있는
나를 보다

차 례

Part 3

수용하는 감정
—
있는 그대로
나를 인정하다

Part 4

위로하는 감정

―

**다시 살아갈
힘을 얻다**

수년간 괴롭혔던 고통이
담담한 슬픔으로

변하는 순간

우리는 일평생 자신의 감정과 싸우며 살아간다.

분노의 감정이 일어나면 최대한 다스려서 사랑하는 사람에게 상처 입히지 않도록 애써야 하고, 우울한 감정이 엄습하면 어떻게든 이겨내서 계속 살아갈 이유를 찾아야 한다.

해결되지 않은 감정이 남아 있으면 마음에 짙은 그림자를 남기고 생각을 불길처럼 일렁이게 하지만, 그 사실을 제대로 인지하는 사람은 많지 않다.

자신의 감정과 마주하는 외로움은 오롯이 자신의 몫, 아무도 남의 외로움을 대신 겪어주지 못한다.

감정은 독특한 형식으로 존재하며, 온갖 모양으로 나타나 삶에 영향을 미친다. 당신과 나, 그들과 우리, 결국 모두가 그러하다.

자녀에게 상처 준 부모도
상처 받은 피해자임을 깨닫다

심리 상담 일을 시작한 첫해, 대학 지도교수였던 나는 상담을 하러 온 학생들의 인생 이야기를 들으며 자주 울었다. 그러던 어느 날, 한 여학생이 내가 우는 모습을 가만히 보다가 불쑥 이렇게 물었다.

"선생님, 제가 그렇게 가여운가요?"

그 순간 깨달았다. 내가 운 것은 단순히 눈앞의 학생이 가여워서가 아니라 그들의 이야기가 내 가슴속 상처를 건드렸기 때문이었다. 이미 잊은 줄 알았던 옛 기억이 내담자와의 대화를 통해 다시 살아났고, 그때의 나를 가엾게 여기며 눈물을 흘린 것이다.

이후 나는 심리치료에 더 깊이 주력하기 시작했다. 처음에는 부모에게 상처 받은 아이들을 돕는 데 집중했다. 내면의 고통을 이야기하고 콤플렉스를 극복할 수 있도록 돕는 것이 목적이었다. 그러나 얼마 안 가서 자녀에게 상처를 준 부모 역시 대부분 가슴 아픈 어린 시절을 보냈거나 결혼 생활에서 말로 표현할 수 없는 고통을 겪은 피해자임을 깨달았다.

나는 부모와 자녀, 남편과 아내가 각자의 입장에서 상대를 끔찍이 사랑하면서도 정작 자신은 사랑받지 못한다는 생각에 고통스러워하는 모습을 자주 보았다. 그리고 그 와중에도 옳고 그름, 맞고 틀림을 가리는 데 얼마나 집착하는지를 보고 내심 놀랐다. 그들은 마치 흑과 백을 구분하지 않으면 큰일이라도 나는 양 매사에 시시비비를 따졌다. 그런 뒤에는 자신에게 이렇게 말한다.

"잘못한 것은 저 사람이야. 그러니까 이제 떠날 수 있어."

정말 그런가? 당신에게 잘못한 그 사람을, 당신은 진짜 떠날 수 있는가?

당신이 상처 준 사람에게, 당신은 정말로 평생 빚진 마음을 안고 살아가겠는가?

다년간의 임상 경험과 엄격한 자기 분석 끝에 나는 마침내 한 가지 결론에 이르렀다. 우리의 인생에 어떤 일이 생기든 결국은 모두가 '운명'이라는 것이다.

'운명에 순응한다는 것'은 아무 노력도 하지 않고 그저 속수무책으로 당하기만 한다는 뜻이 아니다. 그보다는 '운명'적으로 일어나는 일 하나하나가 나 자신의 고유한 아름다움을 단련하는 발판이 된다는 사실을 '인지'함을 뜻한다.

어머니는 대체 왜 자식을
그토록 학대한 것일까?

예전에 한 청년과 심층 상담을 한 적이 있다. 어린 시절 어머니에게 혹독하게 맞고 자란 그는 어른이 되어서도 줄곧 어머니를 미워하고 원망했다. 또한 자신이 학대받았다는 생각에 항상 우울감을 느꼈다.

만약 단순히 좋고 나쁨으로 그의 과거를 표현한다면 아마 '비정한 엄마에게 학대받은 불쌍한 아이'라고 할 수 있을 것이다. 그러나 우리는 거기서 멈추지 않고 좀 더 깊이 파고 들어갔다. 그 결과, 학대받았다는 사실 자체보다 어머니가 자신을 잔혹하게 대한 이유를 이해할 수 없다는 점이 그를 더욱 고통스럽게 한다는 사실을 발견했다. 그의 어머니는 대체 왜 자신의 아이를 그토록 학대한 것일까?

청년은 생각을 거듭한 끝에 부모가 결혼했을 당시의 일을 이야기하기 시작했다. 그의 친가는 매우 전통적이고 가부장적인 집안으로, 어머니는 결혼하자마자 혹독한 시집살이에 시달렸다. 시어머니가 원하는 대로 음식을 만들지 못하면 가족 모두가 보는 앞에서 욕을 먹기 일쑤였다. 게다가 그의 친가는 수많은 형제가 함께 사는 대가족이었다. 어머니가 목욕을 하는 동안에도 시동생들은 아랑곳없이 욕실 문간에 서서 시시덕거렸다.

이런 환경에서 어머니는 엄청난 스트레스를 받았을 것이고, 단순히 하루를 살아내는 일조차 쉽지 않았을 거라고 청년은 말했다.

여기까지 이르자 청년은 비록 '엄마가 나를 왜 그렇게 때렸는지'는 여전히 이해할 수 없었으나 적어도 아버지와 결혼한 후 어머니의 삶이 얼마나 힘들었을지 조금씩 이해하기 시작했다.

나는 그가 더욱 적극적으로 생각을 이어가도록 끊임없이 유도했다. 그의 머릿속을 부유하는, 이미 알고 있는 사실과 아직 알지 못하는 사실 간에 어떤 연관성과 의미가 있는지 생각하게 한 것이다. 어느 날, 그가 내게 말했다.

"결혼한 뒤로 엄마는 늘 억울하고 힘들었을 거예요. 그래서 좋은 엄마가 될 여력이 없었을지도 ……. 어쩌면 너무 힘이 들어서 자기도 모르게 자식을 두드려 패는 것으로 화풀이를 했는지도 모르죠."

얼마간 시간이 흐른 후에는 또 이렇게 말했다.

"가부장적이고 위압적인 시대와 낯설고 적응 안 되는 환경 앞에서 엄마는 수없이 좌절하고 절망했어요. 물론 어린아이를 그렇게 때리면 안 되죠. 하지만 어쩌면 그런 행동을 통해 스트레스를 조금이나마 발산하고 가까스로 숨을 쉬고 겨우겨우 지금까지 살아남았는지도 몰라요."

그는 마침내 얻어맞고 학대당한 어린 시절의 경험에서 아주 중요한 인생의 의미를 찾아냈다. 그에게 벌어진 '나쁜 일' 덕분에, 비참한 인생을 살던 한 여자가 '죽지 않고 살아남을 수 있었다'는 사실을 발견한 것이다.

어린 시절 그에게 '어머니가 살아 있는 것'과 '어머니가 때리지 않는 것' 중 하나를 고르라고 했다면 그는 과연 어느 쪽을 선택했을까? 그것은 아무도 모르는 일이다.

자신의 '운명'을 충분히 이해할 만한 '의미'를 찾은 뒤, 수년간 청년을 괴롭혔던 고통은 마침내 담담한 슬픔으로 변해 기억의 상자 속에 담겼다. 그리고 그는 불행한 어린 시절 덕에 생긴 독립심과 강인함으로 자신의 인생을 더욱 용감하게 대면할 수 있게 되었다.

'감정'이 한 사람의 인생에 미치는 영향은 이처럼 지대하다. 분노와 낙담, 안타까움과 슬픔을 통해 우리는 비로소 내면에 잠재된 힘을 깨닫는다.

사람은 스스로를 통찰할 수 있을 때 비로소 '제대로 살아가는 법'을 배운다.

나는 왜, 그 사람이
나를 그렇게 대하도록 내버려 두었나

자기 자신에 대한 통찰력이 열리기 시작하면 '사람'과 관련된 기억이 내면 깊은 곳에서 점점이 떠오른다. 그런데 초기에는 '그 사람이 나를 왜 그렇게 대했는가'에 집중하고 집착하다가 더 깊은 고통에 사로잡히거나 훨씬 무력한 관계 갈등에 빠지기 쉽다. 다년간의 임상 경험에서 이런 상황을 목도한 뒤, 나는 이러한 심리 기제에 '감정 기생 현상'이라는 이름을 붙였다. 사실 우리가 집중해야 할 점은 '그 사람이 나를 왜 그렇게 대했나'가 아니라 '나는 왜, 그 사람이 나를 그렇게 대하도록 내버려 두었나'다. 엉뚱한 점에 집중하면 통찰력이 생겨도 방향을 잘못 잡은 탓에 더욱 큰 좌절을 느끼게 된다.

이 책에서는 관련 심리학 이론을 바탕으로 자기 통찰부터 타인과의 관계, 기생하는 감정 문제에 이르기까지 서른네 가지 '심리 효과'를 다루었다. 이해를 돕기 위해 나 자신이 오랜 기간 정신분석 치료를 받으면서 새롭게 이해하게 된 나의 인생 이야기도 함께 실었다.

이러한 심리 효과를 다룬 것은 읽는 이가 심리학 이론을 공부하는 데 집착하지 않고, 이러한 심리 기제들이 자신의 인생에 어떠한 영향과 진동을 남기는지 좀 더 깊이 생각해보기를 바랐기 때문이다.

책에 소개된 수많은 사례 중에 다른 사람의 이야기는 적절히 각색했음을 미리 알린다. 물론 나의 이야기는 날것 그대로 실었다.

내가 살면서 겪은 수많은 일, 나의 인간관계에서 벌어진 감정의 드라마는 누구나 경험해보았음 직한 것이라고 믿는다. 이 책을 쓰기 위해 과거를 돌아보고 정리하다가 오히려 아픈 상처를 헤집게 될까 봐 내심 걱정했지만, 감사하게도 그 과정을 통해 오히려 어떻게 선택하고 어떻게 자유로워질 것인지를 더욱 잘 배울 수 있었다.

먼저 가본 사람으로서 해주고픈 말이 있다. 당신의 인생에 힘든 일이 얼마나 많았든, 여태껏 얼마나 괴로워하며 살아왔든 상관없다. 장담컨대 그 일을 더욱 깊이 이해하게 될수록 당신은 새로운 자유를 얻게 될 것이다.

"그 전에 당신은 어떻게 하고 싶어요? 어떻게 되면 좋겠어요?" "당연히 안 듣고 싶죠. 남의 힘담을 듣는 게 어디 쉬운 일이에요? 학교로 돌아오는 날도 매번 기차 시간이 아슬아슬할 때까지 절 붙들고 계신다니까요." 어머니의 하소연을 듣다가 기차를 놓칠 뻔한 적이 한두 번이 아니라고 했다. "듣고 싶지 않다고 솔직히 이야기하지 못하는 이유는 무엇인가요?" "음 …… 너무 매정하잖아요. 엄마는 힘들어서 그러시는 건데 ……, 엄마를 무시하는 것 같기도 하고요." "그럼 만약 하소연을 계속 들어주지 않고 기차 시간에 맞춰 나와버린다면 어머니는 어떻게 하실까요?" "계속 우시겠죠. 나 말고는 엄마한테 마음 쓰는 사람이 없거든요. 얼마나 가여워요. 눈도 별로 안 좋으신데 그렇게 울도록 내버려 두면 안 되잖아요." "아버지가 들어주지 않으실까요?" 그녀는 단호하게 고개를 저었다. "아빠가요? 전혀요! 아빠는 자기 일밖에 모르시는 분이에요. 엄마한테는 관심도 없어요." "혹시 어머니에게 신경 쓰는 역할을 당신이 도맡았기 때문에 아버지가 관심을 보이지 않는 것은 아닐까요?" 그녀는 의구심이 가득한 눈길로 나를 바라보며 되물었다. "그럴 수도 있나요?"

나만의

생각으로

바라보다

표면이 올록볼록한 요술거울을 본 적이 있는가?

요술거울에 비친 모든 것은 본래의 모양을 잃고 이상하게 변한다.

당신과 나의 마음에도 요술거울이 있다.

이 거울은 어린 시절에 가장 많은 빛을 모으고 또 반사한다.

그래서 어렸을 때는 모든 감정이 생생하다.

좋고 싫음, 분노, 슬픔, 기쁨, 행복과 불안이 생생하게 살아 일렁인다.

그렇게 여러 감정을 겪으며 거울의 표면은 조금씩 닳아가고,

점차 특유의 굴곡이 생긴다.

우리가 세상을 보는 감정적 바탕은, 이렇게 생겨난다.

뒤틀리고 왜곡된 세상도, 이렇게 생겨난다.

요술거울 효과

오직 나만 이해할 수 있는
감정적

논리를 만들다

딸이 세 살 때의 일이다. 하루 시간을 내서 남편, 아이와 함께 여행길에 올랐다. 그날 아침, 나는 새벽같이 일어나 아이에게 편한 옷을 입히고 남편을 재촉해 남쪽으로 차를 몰았다. 날이 저물기 전에 부드러운 모래사장을 밟고 싶었다.

여행지인 가오메이 습지의 절경은 기대 이상이었다. 눈부신 햇살이 일렁이는 물결 위에 부서지고, 흰 파도가 부드럽게 모래사장을 쓰다듬었다. 파도가 휩쓸고 나간 자리에는 크고 작은 구멍이 드러났다. 잠시 후, 구멍마다 농게가 기어 나왔다. 둥근 게딱지를 짊어지고 무리 지어 씩씩하게 기어오는 모습이 작은 군대 같아 귀엽기 그지없었다.

나는 신이 나서 딸아이를 모래사장으로 이끌었다. 얼른 신발을 벗고

맨발로 생생한 자연을 느끼게 하고 싶었다. 저토록 귀여운 농게라니, 도시에서는 절대 볼 수 없는 친구들이 아닌가.

그러나 세 살 딸아이의 반응은 내 예상과 전혀 달랐다. 아이는 자신을 향해 씩씩하게 진격해 오는 농게들이 끔찍한 괴물이라도 되는 양 소리를 지르며 내게 매달렸다. 그 작은 생명체들이 가까워질수록 새파랗게 질려서 울며불며 나의 품을 파고들더니 결국 맹수를 피해 안전한 곳을 찾아 나무를 오르는 새끼 짐승처럼 나를 타고 올랐다.

흐느끼는 딸아이를 안고, 농게를 향해 신나게 달려가는 다른 아이들을 바라보며 나는 깊은 생각에 잠겼다. 평소 아이가 낯선 것을 두려워한다는 사실은 익히 알고 있었다. 처음 남자 선생님을 보았을 때도 겁을 먹더니, 이내 낯선 어른이라면 무조건 고개를 돌렸다. 나중에는 제 또래 아이까지 슬슬 피했다. 한번은 지인들과 다 같이 가족여행을 갔는데, 만난 지 반나절 만에 친해져서 한데 엉겨 노는 다른 집 아이들과 달리 우리 아이는 쭈뼛거리며 내 뒤에 숨어 있기만 했다. 그 탓에 여행 막바지에 찍은 단체사진에서도 딸애의 모습을 찾아볼 수가 없다.

나는 내 딸이 이토록 예민하고 섬세하며 연약할 줄은 몰랐다. 매일 밤, 아이는 침대 양쪽에 베개를 차곡차곡 쌓아 올려 자신만의 작고 외로운 성벽을 만들었다. 그리고 그 안에 잔뜩 옹송그리고 누워 잠이 들었다. 그 모습을 볼 때마다 나는 뭐라 말할 수 없는 복잡한 심경이 되었다.

과거에 제대로
위로받지 못한 감정이 폭발하는 순간

그날, 목놓아 우는 딸을 보며 처음에는 나도 어찌할 바를 몰랐다. 이성적인 판단력이 마비될 정도였다. 그런데 아이러니하게도 이성이 약해지자 오히려 감정적으로 '자기 관찰'을 할 수 있는 상태가 되었다.

나는 일단 딸을 안고 농게가 가득한 바닷가를 벗어났다. 아쉬움이 들려는 순간, 마음 깊은 곳에서 튀어나온 한마디가 나의 의식을 두드렸다.

'무엇이 이 아이를 이토록 두렵게 하는 걸까?'

물론 태어나 처음 본 농게가 낯설기는 했을 것이다. 그러나 다른 아이들이 작은 생물에 호기심을 느낀 것과 달리, 딸은 공포심을 느꼈다. 대체 무엇이 이 아이를 이토록 두렵게 만들었을까?

나는 잠시 멈춰 서서 기억을 헤집었다. 베개로 만든 작고 외로운 성벽 안에 앉아서 가만히 나를 바라보는 딸의 모습이 가장 먼저 떠올랐다. 어쩌면 그 차분한 모습 뒤에 당황과 불안이 숨겨져 있었는지도 모른다. 대체 무엇이 그 아이를 그토록 불안하게 만들었을까? 기억의 자락을 더듬어가다 문득 남편과 내가 험하게 다투는 장면에 이르렀다. 결혼 이후 우리는 자주 싸웠다. 아이가 태어난 뒤에도 마찬가지였다. 미친 듯 화를 내는 두 어른 사이에서 작은 아이는 무슨 생각을 했을까? 내 품에 안겨 있는 지금처럼, 그때도 이렇게 겁먹고 불안해했을까? 아무리 노력해도 그때 딸아이의 표정이 어땠는지 떠오르지 않았다. 아마도 내 감정에만 집중하느라 마땅히 신경 써야 할 아이의 반응을 근본적으로 무시한 탓이리라.

그제야 이해가 되었다. 딸아이가 갑작스레 울음을 터뜨린 것은 과거에 제대로 위로받지 못한 감정이 낯설고 불안한 상황에서 엉뚱하게(혹은 무논리적으로) 폭발했기 때문이다.

사람은 누구나 마음속에 자기만의 '요술거울'이 있다. 과거에 경험한 여러 가지 감정으로 인해 이리저리 굴곡지고 닳아진 탓에, 거울에는 세상이 실제 모습과 상당히 다르게 비친다. 그리고 우리는 이 거울에 비친 모습을 보며 나만 이해할 수 있는 감정적 논리를 만들어간다. 즉, 내면이 기쁘면 세상도 기쁘게 보이고, 내면이 불안하면 세상도 온통 불안하게 비친다.

나는 나도 모르게 아이를 더욱 힘주어 안았다. 얼굴을 잔뜩 찡그리고 왜 우느냐며 딸아이를 다그치지도, 문득 떠오른 옛 기억 때문에 스스로를 책망하지도 않았다. 그 모두가 시간 낭비다. 그때 내게는 두 가지 선택지가 있었다. 엄격한 엄마가 되어 비논리적인 감정 반응을 보인 아이를 혼낼 수도 있었고, 이해심 넘치는 엄마가 되어 아이를 위로할 수도 있었다.

지금도 나는 생각한다. 만약 그때 내가 평소에 그랬듯이 딸에게 '울지 마!'라고 다그쳤다면 어떻게 됐을까?

선택은 단 두 가지,
제지하거나 계속 들어주거나

"부모라면 그런 상황에서 '울면 안 돼'라고 해도 되지 않나요?"

부모 강좌에서 이 일을 사례로 들자 한 여성이 이렇게 말했다. 그녀의 말이 떨어지기가 무섭게 그 자리에 있던 부모들이 저마다 한마디씩 했다. 대부분 자신 역시 울면 안 된다는 식으로 대처한다는 고백이었다. 이유는 전부 비슷했다. '울면 안 돼'라고 말하는 편이 달래는 것보다 효과적이라고 생각하기 때문이다.

"맞아요. 우리도 어렸을 때 '울면 안 돼'라는 말을 듣고 자랐잖아요."

분위기가 무겁게 가라앉았다. 누군가 기나긴 한숨을 내뱉었다. 그것을 신호로 여기저기서 장탄식이 흘러나왔다. 그렇다. 감정을 주체하지 못하는 사람을 보면 누구나 갈등에 빠진다. 더구나 상대가 바로 내 아이라면 부모로서 갈등은 더욱 깊어진다. 선택지는 두 가지뿐, 엄격하게 제지하거나 아니면 계속 들어주거나. 그리고 둘 중 하나를 선택하는 기준은 대개 다음의 두 가지에 따라 정해진다. 하나는 나와 상대와의 관계, 다른 하나는 나와 나 자신 그리고 과거와의 관계다.

인생에서 가장 어려운 과제는 기존의 관계와 가설, 경험을 뛰어넘어 새로운 느낌과 새로운 가능성, 새로운 신뢰를 만드는 것이다. 하지만 관계를 개선하고 싶다면 이것만큼 중요한 일도 없다.

여행지에서 딸의 내면에 있는 불안을 알아차린 후, 나는 기존의 경험과 습관을 뛰어넘어 새로운 관계 모형을 구축하기 위해 노력했다. 가장 먼저 아이를 혼내는(혹은 체벌하는) 나쁜 버릇을 철저히 고쳤다. 동시에 나 자신부터 남편과 내 부모와의 관계 회복에 힘쓰면서 모두에게 상황을 설명하고 협조를 구했다. 가족 모두 같은 목표를 공유하고 노력하자 집안 분위기가 아주 조금씩, 그러나 분명히 긍정적인 방향으로 변하기 시작했다. 딸아이의 불안증도 점차 나아졌다. 원래 딸아이는 불안하면 손톱을 물어뜯는 습관이 있었다. 어찌나 물어뜯었는지 손가락 끝에 늘 벌건 살이 드러나 있을 정도였다. 그러나 아홉 살 되던 해, 나는 마침내 딸아이의 열 손가락 끝에서 하얗게 자라난 손톱을 볼 수 있었다. 물론 이제 딸아이는 농게가 가득한 모래사장을 맨발로 거침없이 달린다.

세상을 바라보는 시각이 사람마다 다른 것은
개개인의 심리적, 감정적 영향이 투사되어 있어서다

'투사projection'는 정신분석학의 창시자 지그문트 프로이트Sigmund Freud가 제시한 개념으로, 후세 학자들은 투사를 자기 내면의 어떤 상태를 다른 사람이나 사물에 투영하는 현상이라고 정의했다.

'요술거울 효과'란 잠재되어 있는 내면의 감정이 세상을 바라보는 시선과 해석하는 방식에 어떠한 영향을 주는지를 다룬 것이다..

세상의 중심은 나, 나의 눈으로 보는 것이 바로 이 세상이다.

나의 중심에는 나 자신과, 내가 벌어질까 봐 두려워하는 모든 것이 있다.

두려움에는 세상의 재앙도 포함되어 있다.

당연히 그 두려움이 일어나지 않기를 바란다.

그런데 그 일이 벌어지지 않는 것이 진짜 좋은 것일까?

내가 원하고 내가 힘쓰고 노력하면 재앙을 전부 막을 수 있을까?

나는 안다.

만약 정말로 나쁜 일이 생긴다면 그것은 모두 내 책임이다.

내가 무언가를 더 하지 않고 내가 충분히 노력하지 않은 탓이다.

내가 세상의 중심이기에, 이토록 중요한 일은 오직 나만이 막을 수 있다.

자기중심 효과

자신의 중요성을
과대하게

부풀려 상상하다

한때 초등학교 고학년 사이에서 《슬램덩크》라는 만화가 선풍적인 인기를 끌었다. 주인공은 빨갛고 풍성한 머리카락이 트레이드마크인 강백호라는 고등학생이다.

강백호는 농구 천재지만 고등학교에 와서야 재능을 발견하고 '북산고' 농구부에 들어가 주공격수로 활약한다. 그러던 중 중요한 경기에 투입되고, 상대 팀에 단 1점이 뒤진 상황에서 마지막 자유투 기회를 얻는다. 그는 신중하게 숨을 고르고 양손을 뻗어 골대를 향해 공을 던진다. 하지만 공은 들어가지 않고 곧이어 경기 종료음이 울린다. 결과는 북산고의 패배. 선수들은 코트에 서서 뜨거운 후회의 눈물을 흘린다.

다음 날 아침, 강백호가 교실 문을 열고 들어선다. 풍성한 머리카락을 죄다 밀어버린, 빨간 까까머리인 채로! 친구들이 경악하며 왜 머리를 밀었느냐고 묻자 그는 이렇게 대답한다.

"나 때문에 경기에서 졌으니까."

그는 팀이 진 것이 전부 자기 탓이라고 생각한 것이다.

"웃기는 소리!"

바로 그때, 인기 절정의 농구 스타 강태웅이 느릿느릿 걸어오면서 꾸짖듯이 큰소리친다

"어제는 내가 잘 뛰지 못해서 진 거야!"

만화를 봤다면 알겠지만 평소 둘은 견원지간이다. 아무리 그래도 그렇지, 경기에서 진 것까지 내 탓이라며 경쟁할 필요가 있을까.

사실 이들은 지극히 자기중심적인 감정 반응을 보이는 중이다. 자신의 중요성을 높게 평가하고 '나'를 문제의 가장 핵심에 두는 것이다.

내가 인지하는 상황이
사실은 나의 상상이라고?

내게 상담을 요청한 학생도 비슷한 상황에 처해 있었다. 그녀는 본가에서 주말을 보낼 때마다 엄마가 자신을 붙들고 남동생 여자 친구를

험담하는 것을 들어주는 게 힘들다고 했다. 솔직히 누나이기는 해도 자신과 직접 관련된 일도 아니고, 남동생과 여자 친구가 결혼한 것도 아니니 뭐가 그렇게 문제인가 싶지만 엄마는 벌써 고부 갈등이 시작이라도 된 듯 이런저런 걱정과 불만이 산더미였다. 물론 그중에 그녀가 해결해줄 수 있는 부분은 단 하나도 없었다. 그럼에도 참고 듣는 것은 그녀가 아니면 엄마의 하소연을 들어줄 사람이 아무도 없기 때문이다. 남동생은 엄마가 뭐라 하든 아예 신경도 쓰지 않았고 아버지는 무심하게 신문만 들여다봤다. 자신 역시 하도 듣다 보니 엄마의 과도한 감정이 짜증스러우면서도 한편으로 오죽하면 저러실까 동정심이 들면서 차라리 남동생이 여자 친구와 헤어졌으면 하는 마음이 들고, 더러는 헤어지라고 직접 말하고 싶다고 했다.

"제가 어떻게 해야 할까요?"

그녀의 질문에 나는 이렇게 반문했다.

"그 전에 당신은 어떻게 하고 싶어요? 어떻게 되면 좋겠어요?"

"당연히 안 듣고 싶죠. 남의 험담을 듣는 게 어디 쉬운 일이에요? 학교로 돌아오는 날도 매번 기차 시간이 아슬아슬할 때까지 절 붙들고 계신다니까요."

어머니의 하소연을 듣다가 기차를 놓칠 뻔한 적이 한두 번이 아니라고 했다.

"듣고 싶지 않다고 솔직히 이야기하지 못하는 이유는 무엇인가요?"

"음 ……. 너무 매정하잖아요. 엄마는 힘들어서 그러시는 건데 …….
엄마를 무시하는 것 같기도 하고요."

"그럼 만약 하소연을 계속 들어주지 않고 기차 시간에 맞춰 나와버
린다면 어머니는 어떻게 하실까요?"

"계속 우시겠죠. 나 말고는 엄마한테 마음 쓰는 사람이 없거든요. 얼
마나 가여워요. 눈도 별로 안 좋으신데 그렇게 울도록 내버려 두면 안
되잖아요."

"아버지가 들어주지 않으실까요?"

그녀는 단호하게 고개를 저었다.

"아빠가요? 전혀요! 아빠는 자기 일밖에 모르시는 분이에요. 엄마한
테는 관심도 없어요."

"혹시 어머니에게 신경 쓰는 역할을 당신이 도맡았기 때문에 아버지
가 관심을 보이지 않는 것은 아닐까요?"

그녀는 의구심이 가득한 눈길로 나를 바라보며 되물었다.

"그럴 수도 있나요?"

그럴 수도 있을까? 우리가 이러하다고 여기는 상황이 사실은 우리의
상상에 불과한 것은 아닐까? 어쩌면 엄마를 신경 쓰는 사람은 자신밖
에 없다고 그녀가 '상상'하고 있는 것은 아닐까? 아빠는 엄마에게 관심
을 줄 리도, 줄 수도 없다고 '상상'하고 자신이 옳다는 생각 속에 스스
로 엄마의 보호자 역할을 자처했을 가능성은 없을까? 자신의 '내면적

상상'과 '외재적 현실'을 동일시한 탓에 하지 않아도 될 걱정과 두려움에 사로잡혀 자신이 진짜 원하는 대로 행동할 수 없게 되어버린 것은 아닐까?

상상을 현실과
동일시하는 사람들

자기중심적 감정 특성이 강한 사람은 '상상과 현실을 동일시'하는 상태에 빠지기 쉽다. 이들은 자기 주변에 나쁜 일이 생길지도 모른다고 지나치게 걱정하며, 자신이 무언가 하지 않으면 그 나쁜 일이 정말로 벌어질 것이라고 믿는다. '스스로 그렇다'고 여기는 착각에 감정이 매인 나머지 상상과 현실을 구분하지 못하게 되는 것이다.

주체적인 삶을 원한다면 나와 타인 사이에 적절한 경계를 그을 줄 알아야 한다. 그러나 이에 못지않게 자신의 '내면적 상상'과 '외재적 현실'을 명확히 구분하고 경계 짓는 일도 중요하다. 따라서 어떤 문제는 단지 자신의 상상에 불과하며, 상대의 의도 또한 내가 생각한 것과 전혀 다를 수 있다는 점을 인식할 필요가 있다.

어쩌면 나와 타인보다 나의 내면과 실제 현실 사이에 제대로 된 경계를 긋는 일이 먼저일지도 모른다.

내면이 기쁘면 세상도 기쁘게 보이지만,

내면이 불안하면 세상은 온통 불안한 모습으로 비친다.

'내가 망쳤어' '내가 잘못해서 우리가 진 거야' 등
자신을 세상의 중심에 놓고 자신의 탓으로 돌리다

'자기중심성Egocentrism'이라는 심리학 개념을 처음 제시한 사람은 인지발달 연구의 선구자인 장 피아제Jean Piaget다. 피아제는 '세 살 모형 실험'을 통해 유아는 '자신의 눈으로 본 것'을 기반으로 '다른 사람이 본 것'을 추론한다는 사실을 알아냈다. 즉, 자기 자신을 세상의 중심으로 보고 상대를 판단한다는 것이다.

후세 학자들은 이러한 현상이 비단 아동뿐 아니라 청소년, 성인에게도 나타난다고 보았다. 주로 친밀한 관계에서 자주 관찰되었다.

'자기중심 효과'는 특별한 감정 문제에 집중하고 있는데, 특히 나쁜 일에 대한 자기중심적 상상이 일상생활에 실제로 어떤 영향을 미치는지를 다룬 것이다.

멈춰버린 사건, 멈춰버린 장면, 멈춰버린 느낌.

그대를 향한 나의 생각도 따라서 멈춰버렸지.

때로는 가장 행복한 순간에 멈추기도 하지만, 그보다는 가장 난처하고

가장 낙심하고 가장 답답하고 가장 증오스러운 순간에 멈춰버리기도 하지.

당신은 나를 계속 이렇게 대할 거야, 영원히 그렇겠지.

나 역시 당신이 나를 어떻게 대했는지 영원히 기억할 테고.

그러니 당신을 미워해도 되는 거야.

당신에게 사랑받기를 원한 적은 단 한 번도 없다고, 나를 속이면 돼.

얼어붙은 시간 효과

변화를 기대하지도 않고
변할 리도

없다고 믿다

얼마 전 국가예술상 수상에 빛나는 안무가 허샤오메이何曉玫의 작품
『조용한 섬의 신낙원默島新樂園』을 보았다. 춤은 전혀 못 추지만 무용
공연을 정말 좋아하는 나에게 그녀의 작품은 감동 그 자체였다. 공연
을 보는 내내 무대 위 무용수의 발끝이 내 가슴팍을 지근지근 밟기라
도 한 양 심장이 뜨겁게 뛰었다.

　피부색과 같은 무용복을 입어 나체처럼 보이는 여성 무용수들은 우
아하고도 에로틱한 동작으로 핀홀 카메라가 달린 탐조등을 잡아끌며
춤을 추었다. 그러자 자신을 훔쳐보는 듯한 영상이 메인 벽에 비춰졌
고, 배경으로 깔린 물거품 이는 심해의 풍경과 교차하면서 말로 형용
하기 어려운 환상적인 세계를 만들어냈다. 아름답고 애잔했다.

이토록 엄청난 작품을 만들어내다니! 나는 문득 허샤오메이의 가족이 이 작품을 보고 어떤 반응을 보였을지 궁금해졌다. 아마 매우 자랑스러워했으리라.

하지만 막상 내가 이 질문을 던졌을 때 그녀는 의미를 알 수 없는 묘한 표정을 지으며 대답했다.

"어머니는 공연을 보고 이렇게 말씀하시더군요. '다음번 무대에서는 이번처럼 보기 싫은 동작을 안 하면 안 되겠니?'라고요."

그녀와의 대화가 담긴 칼럼을 인터넷에 올리자 많은 사람이 공감을 표했다. 그중 무용을 한다는 한 누리꾼은 이런 댓글을 달았다.

"엄마한테 내 공연을 본 소감을 물었더니 '앞으로는 무봉제 팬티를 입어라, 무대에 오르니까 팬티 라인밖에 안 보이더라'라는 말만 하셨어요."

그 아래로 비슷한 댓글이 줄을 잇자 그녀가 짧게 글을 남겼다.

"아마 딸을 아끼는 마음에 그러신 건 아닐까요?"

그녀의 글이 올라가자 갑자기 댓글이 뚝 끊겼다. 다들 자신이 겪은 이런저런 상황을 떠올리며 부모의 그런 행동이 사실은 '자식을 아끼는 마음'에서 비롯되었을 가능성에 대해 고민하기 시작한 것 같았다.

'부모는 절대 변하지 않는다'
라고 생각하다

최근 몇 년 동안 '부모 자식 간에 사랑이라는 명목으로 행해지는 구속'에 관한 논쟁이 유행처럼 번지고 있다. 비록 마흔을 바라보는 나이지만 나 역시 외동딸로서 이 문제에 대해 할 말이 많은 편이다.

어린 시절, 나는 엄마와 단둘이 지내다시피 했다. 금융업에 종사하는 아버지가 잦은 접대와 회식으로 거의 매일 집을 비웠기 때문이다. 어렸을 때는 엄마의 눈물이 가장 무서웠다. 내가 당신의 기대에 못 미칠 때마다 엄마는 어김없이 울었다. 마치 나로부터 불온한 파도가 일렁이며 퍼져나가 엄마를 덮친 것 같았다.

"나는 너 하나 잘되길 바라고 사는데, 너는 어쩜 이렇게 말을 안 듣니?"

사실 엄마의 눈물도 잔소리도 무시하려면 얼마든지 무시할 수 있었다. 그러나 문제는 아버지였다. 아버지가 집에 돌아오기 전까지 어떻게든 이 '소란'을 정리해야 했다. 그렇게 하지 못할 경우 화살은 십중팔구 나에게 날아왔다. 겨우 퇴근해서 돌아온 집에 냉랭한 분위기가 감돌면 아버지는 무조건 나를 먼저 바라보며 얼굴을 찌푸렸다.

"엄마에게 또 무슨 짓을 한 게냐?"

나는 아버지에게 질책받는 것이 두려웠고, 그래서 엄마의 눈물이 무서웠다.

하지만 안타깝게도 나는 입이 모진 아이였다. 엄마에게 툭하면 어깃장을 놓았고 말대꾸를 할 때 가장 생기발랄했다. 그러다가도 엄마의 눈물샘이 터질 것 같은 조짐이 보이면 가슴이 꽉 막혔다. 유년 시절 나에게는 그 눈물만큼 무서운 것이 없었다.

사람은 무서운 것을 그냥 두고 보지 못하며, 어떻게든 대항할 방법을 생각해낸다. 나 역시 자라면서 엄마의 눈물을 막아버릴 필살기를 찾아냈다. 어려운 일은 아니었다. 사랑하는 사람끼리는 서로의 약점을 너무 잘 안다. 그렇기에 말 한마디로 얼마든지 상대를 상처 입히고 침묵하게 만들 수 있다.

내가 찾아낸 방법은 엄마가 눈물을 흘릴 것 같은 순간 최대한 무표정한 얼굴로 이렇게 말하는 것이다.

"엄마는 우는 것밖에 할 줄 모르지. 그것 말고 할 줄 아는 게 있긴 있어?"

얼핏 약 올리기와 비슷한 이 자극법은 매우 효과적이어서, 그때마다 엄마는 이미 그렁그렁 차오른 눈물을 억지로 삼키며 아무 말 없이 돌아섰다. 이처럼 내 감정을 감추고 엄마의 자존심을 공격하자 엄마도 더 이상 약한 모습을 보이지 않으려 애썼다. 덕분에 그 후로 아버지에게 질책받는 일은 없어졌다. 대신 내가 집에 들어가는 시간이 점점 늦어졌다. 숨 막힐 듯한 집안 분위기를 견딜 수 없었기 때문이다.

대학 졸업 후, 날개가 충분히 단단해진 나는 '결혼'이라는 출구를 통해 당당하게 집을 탈출했다. 나에게 부모란 절대 변할 수 없는 사람들이었다. 아버지는 영원히 자기 자신밖에 모를 것이고, 엄마는 내가 자기 기대에 못 미칠 때마다 언제나 울기만 할 터였다.

최근 몇 년 동안 나와 비슷한 괴로움을 가진 친구를 많이 만났다. 모두 원가족 때문에 이래저래 고생했지만 어쨌든 지금은 각자 사회에서 자신의 역할을 훌륭히 수행하고 있는 사람들이다. 하지만 다들 겉은 멀쩡해 보여도 마음에는 깊은 가시가 하나씩은 박혀 있었다. 부모와 관련된, 차마 손댈 수 없는 집안 문제로 여전히 고통받고 있었다. 그리고 그들 대부분이 나와 마찬가지로 '내 부모는 절대 변하지 않는다'라는 고집스러운 생각에 사로잡혀 있었다.

원가족에게 상처를 받은 사람은 겉으로는 독립적, 자주적으로 보여도 마음이 아직 과거에 머물러 있는 경우가 많다. 이들은 자기 원가족에 대해 일종의 고정관념이 있다. 아버지는 이런 사람이고 어머니는 이런 사람이며, 부모와 자신 사이에 절대 해결할 수 없는 문제가 있다는 식이다.

정말 그럴까? 실제로 정말 그러한가?

부모의 모든 말과 행동은
구속? 아니면 사랑?

서른다섯 살쯤, 나는 일이 본격적인 궤도에 오르며 정신없이 바빠졌다. 남편은 나보다 더했다. 하지만 우리에게는 돌봐야 할 어린 자녀가 둘이나 있었다. 마침 그즈음에 퇴직한 엄마가 아이들을 봐주겠다며 결연히 고향집을 팔고, 내켜하지 않는 아버지의 등을 떠밀어 우리 집 근처로 이사를 왔다.

부모님과 이렇게 가까이 지내게 된 것은 성인이 된 후로 처음이었다. 기대와 혼란이 교차하였다. 어렸을 때의 느낌이 수시로 내 마음을 점령했다. 무엇보다 엄마의 잔소리가 견디기 어려웠다. 어린 시절 '엄마의 눈물'과 재회한 기분이었다. 부모가 내 인생을 완벽히 통제했던 시절의 답답함도 함께 떠올랐다.

그러던 어느 날, 아이 학교에 어머니 자원봉사를 하러 갔다. 엄마도 근처에 볼일이 있다기에 가는 길에 내려주기로 하고 동행했다. 절반쯤 갔을 때, 나는 봉사자 확인증을 두고 온 것을 깨달았다. 평소 워낙 이것저것 잘 깜빡하기에 새삼스럽지도 않았지만, 문제는 확인증이 없으면 아예 학교 출입이 안 된다는 점이다. 시간이 촉박한 터라 다시 갔다 올 수도 없는 상황이었다. 나도 모르게 큰 소리로 짜증을 냈다. 그때, 예상치 못한 일이 벌어졌다. 옆에 앉은 엄마가 침착한 목소리로 이렇게 말한 것이다.

"걱정 마라. 어제 내가 네 가방에 넣어뒀다."

이것은 또 무슨 수란 말인가. 내가 잔뜩 의심하는 눈초리로 보여달라고 하자 엄마는 차분히 가방에서 확인증을 꺼내 보였다. 그 후 학교에 도착할 때까지 우리는 아무 말도 하지 않았다.

이런 일이 점점 더 자주 생겼다. 때로는 부모님이 내 생활에 개입하고 간섭하는 것이 화가 났지만, 솔직히 편할 때가 훨씬 더 많았다.

나는 이제 누군가 '부모 자식 간에 사랑이라는 이름으로 행해지는 구속'에 대해 이야기할 때마다 침묵한다. '부모는 절대 변하지 않으며 과거와 똑같다'는 고정관념에서 벗어나기 시작하면서부터, 한때 당연히 통제욕에서 비롯되었다고 치부했던 부모의 말과 행동이 정말 그런 것인지 알 수 없어졌기 때문이다. 그것이 과연 구속이었는지, 아니면 사랑이었는지 더 이상 확신할 수가 없었다.

정확하게 말하자면 '사랑'과 '구속'의 느낌이 나의 마음속에서 끝없이 엎치락뒤치락했다. 때로는 명백히 구속처럼 느껴졌지만, 대개의 경우 사랑이었다. 안무가 허샤오메이의 말대로 '딸을 아끼는 마음에서 그런 것'이었다.

나는 왜 생각이 바뀌었을까? 변한 사람은 나인가, 부모인가? 아니면 우리 모두인가?

사람은 누구나 자신만의 성장 이야기가 있다. 자신이 실제로 어떻게 자랐는지는 잊을 수 있지만 자신이 어떻게 자랐다고 '느끼는지'는 모르려야 모를 수가 없다.

그리고 바로 그 '느낌'이 우리를 여태껏 얼어붙은 과거의 시간 속에 가두고, 영원히 변하지 않는 시선으로 이 세상을 보게 만든 것이다.

상대가 변할 수 있다는 기대가 실망으로 변할까 봐
아예 상대를 '변할 수 없는 사람'으로 치부하다

정신분석학자 멜라니 클라인Melanie Klein에 따르면 유아기 시절 아이의 마음속에는 선천적으로 사랑과 공격의 욕구가 동시에 존재한다. 이 때문에 사랑하는 사람이 자신을 공격할 수도 있다는 생각에 심리적 불안을 느낀다고 한다. 만약 아이 입장에서 공격받고 있다고 느낄 만한 행동(크게 소리를 지르거나 때맞춰 먹을 것을 주지 않는 등)을 사랑하는 사람이 실제로 하면 아이는 자신의 생각, 즉 상상과 현실이 같다고 믿게 된다. 또한 두려웠던 장면이 마음에 새겨지면서 불안을 느낀다.

클라인 이론의 연장선상에 있는 '얼어붙은 시간 효과'는 과거 어린 시절의 정서적 경험이 '각인'된 상태로 성인이 되었을 때 삶에 어떤 영향을 미치는지를 다룬 것이다.

내
감
정
과
의

대
화

나는 흐려진 렌즈를 통해 그대를 기억하고 가까워지지 못했던
우리의 거리를 아쉬워한다.
상처뿐인 기억이 부드러운 모호함에 뒤덮이면서 명료했던 현실이 점차 흐려지고
내 마음은 온통 그때의 아름다웠던 우리만을 떠올리게 된다.
그리고 지금, 충분히 잘 지내지 못하는 나는 과거에 있었을지도 모르는
상상의 즐거운 나날을 꿈꾼다.
아, 이 얼마나 달콤한 자기 위로란 말인가.

연초점 효과

미화된 과거가
잊을 수 없는

추억이 되다

남자는 결혼한 지 채 한 달도 되지 않았을 때 그녀를 만났다. 분명히 잘못된 만남이었지만 그들은 서로를 향한 끌림에 저항하지 못했고, 그 후로 칠 년 동안 떳떳지 못한 관계를 이어갔다.

집 안의 아내와 집 밖의 그녀는 정반대였다. 아내는 얌전하고 보수적이었고, 그녀는 자유분방하고 열정적이었다. 그녀와 있을 때 남자는 온몸에 불꽃같은 에너지가 넘쳐나는 것을 느낄 수 있었다. 비로소 진정한 자신을 찾은 기분이었다. 하지만 차마 아내를 떠날 수도 없었다. 아내가 자신에게 얼마나 헌신적인지를 생각하면 헤어지자는 말이 도무지 나오지 않았다. 결국 그는 아내와 그녀 사이를 시계추처럼 오갔다. 행복하면서도 고통스러운, 모순된 세월이었다.

그녀와의 관계가 끝난 계기는 아내의 임신이었다. 아내가 연달아 두 번을 임신하자 그녀는 질투심에 어쩔 줄 몰랐고, 두 사람은 자주 싸우기 시작했다. 어느 날, 남자와 다투고 화가 치민 그녀는 차를 몰고 나가 위험한 질주를 벌였다. 결국 사고가 났고 오랫동안 병원 신세를 지게 되었다. 퇴원하는 날, 그녀는 남자에게 자신이 더 이상 아기를 가질 수 없는 몸이 되었노라고 말했다. 그리고 이별 인사도 없이 떠났다. 남자는 현실을 부정하며 미친 사람처럼 찾아다녔지만 어디에서도 그녀의 흔적을 찾을 수 없었다.

남자는 절망했고, 무력해졌다.

그로부터 몇 년이 지난 후 다시 만난 남자는 환하고 혈색 좋은 얼굴이었다. 여자와 헤어졌을 당시 곧 죽을 것 같았던 모습과 영 딴판이었다. 무슨 선약이라도 먹은 듯 달라진 것이 신기해서 어찌 된 일이냐고 물었다. 남자는 최근 깨달은 바가 있어서 운동도 열심히 하고 몸에 좋다는 음식도 챙겨 먹고 있다고 대답했다. 할 수 있는 한 오래 살아야지요, 그가 싱글거리며 덧붙였다.

갑자기 장수를 인생 목표로 삼게 된 계기가 있었냐고 묻자 그는 어린아이처럼 눈을 반짝이며 말했다.

"적어도 아내보다는 오래 살려고요. 그래야 아내가 죽고 나서 그녀를 찾으러 갈 것 아닙니까?"

그때부터 남자는 봇물 터지듯 그녀를 추억하기 시작했다. 그녀가 얼마나 아름다웠는지, 자신이 그녀를 왜 잊을 수 없는지 눈물겹게 늘어놓는 모습을 보아하니 과거 그녀의 표독스러움과 히스테리, 온갖 거짓말과 술수는 전부 잊어버린 듯했다.

자기 잘못은 잊고 과거를 미화하기만 하는 행태가 과히 보기 좋지는 않았지만 한편으로 이해가 되었다. 그는 감정적 관성에 빠진 사람의 전형적 사례였다. 고통스러운 경험을 있는 그대로 받아들이지 못하고 미화라는 '연초점 필터'를 끼운 렌즈를 통해 현실을 보며 진실을 왜곡하는 것이다.

이렇듯 지나간 과거를 미화하면 비참하고 쓰라린 인생에 또 다른 의미가 입혀질 뿐만 아니라 이루지 못한 감정이야말로 가장 진실한 것이라는 착각에 빠지게 된다.

현재를 살아갈 수 없게 만드는
'미화된 과거'

사실 이런 현상은 매우 흔하며 주변에서 어렵지 않게 볼 수 있다.

전 직장이 너무 힘들어서 큰맘 먹고 이직한 A씨. 그러나 새 직장에서의 생활이 기대에 못 미치자 스멀스멀 이런 생각이 든다고 했다.

'그래도 그 회사를 떠나지 않았다면 지금쯤 이보다는 높은 직급에

있을 텐데 …….'

생각해보자. 이직이 쉬운 일도 아닌데, 전 직장이 오죽 힘들었으면 이직을 했겠는가. 하지만 A씨는 거기도 나쁘지 않았다는 식으로 말했다. 그곳에서 얼마나 힘들었는지를 모두 잊은 것 같았다.

B군도 비슷한 경우다. 사립 고등학교의 치열한 입시 스트레스가 싫어서 공립 고등학교로 전학했지만 막상 제1지망 대학에서 떨어지자 '사립고를 계속 다녔으면 원하는 대학에 붙었을 텐데'라는 생각이 든다고 했다. 심지어 사립고를 다녔을 때 자신이 느꼈던 고통과 괴로움은 아무것도 아니었고, 지금이 훨씬 힘들다고 후회 섞인 목소리로 말했다.

이들은 모두 과거를 미화하고 있다. 그렇다면 미화된 과거는 실제 삶에 어떻게 영향을 미치며, 어떤 부작용이 있을까?

가장 큰 부작용은 지금 이 순간을 살 수 없게 하는 것이다. 미화된 과거는 당장 눈앞의 사람과 사건을 있는 그대로 볼 수 없게 하고, 좌절감을 모호하게 숨겨버림으로써 현실을 마주하지 못하도록 만든다.

불행한 과거가 거짓된 아름다움을 뒤집어쓰고 여전히 내 안에 존재하는 한, 우리는 진정한 행복을 얻을 수 없다.

남자는 떠나간 여자를 그리워하느라 정작 지금 곁에 있는 아내와 자식에게 소홀했다. 그 점을 참을 수 없었던 나는 결국 이렇게 물었다.

"당신이 놓쳐버린 과거 말이에요, 정말 당신의 상상처럼 아름다울까요?"

　나와 이야기를 나눈 끝에 마침내 그는 그녀가 지금 어떻게 살고 있는지 찾아보기로 결심했다. 마음만 먹으면 얼마든지 알아볼 수 있었지만 무의식적으로 피하던 일이었다. 그렇게 찾아낸 여자의 SNS에서 여자의 상태는 '기혼'이었고 프로필에는 귀여운 아기 사진이 걸려 있었다.

자신이 실제로 어떻게 자랐는지는 잊을 수 있지만
자신이 어떻게 자랐다고 '느끼는지'는 모르려야 모를 수 없다.

만족스럽지 않은 현실을 외면하고
지나간 과거 시절을 미화하며 자신을 위로하다

———

정신분석학자 멜라니 클라인에 따르면 태어난 지 몇 달 되지 않은 아기는 환경의 자극이 어떤 논리로 발생하는지 이해할 만큼 심리적으로 성숙하지 않다. 그렇기 때문에 방금까지 자신을 품에 안고 다정히 젖을 먹여주던 엄마가 다음 순간 날카롭게 소리를 지르는 이유를 전혀 이해하지 못한다.

아기는 이 상황을 자신의 수준에서 이해하고 받아들이기 위해 엄마를 '다정하게 젖을 주는 엄마(좋은 엄마)'와 '소리 지르는 엄마(나쁜 엄마)'로 분리한다. 두 명의 엄마를 만듦으로써 혼란에서 벗어나려 하는 것이다.

'연초점 효과'는 이러한 개념을 성인에게까지 연장한 것이다. 물론 제대로 된 성인이라면 아기처럼 대상을 확연히 둘로 분열하지는 않는다. 그러나 마주하고 싶지 않은 비참한 현실을 피하기 위해 연초점 필터를 끼운 렌즈를 통해 세상을 보고 과거를 미화하는 것은 실제로 흔히 볼 수 있는 심리 기제다.

감정 기생자로부터 벗어나는 방법 **7가지**

1 감정적으로 기생하는 사람 때문에 힘들고 피곤하다는 것을 인정하라 감정 기생자로 인해 나에게 미치는 부정적 영향은 상대의 세 배 이상, 심지어 열 배에 이른다. 즉 감정적으로 훨씬 힘든 것은 매달리는 감정 기생자가 아닌 그 감정을 받아주는 나 자신이다.

2 감정 기생자 때문에 속상해하지도, 화를 내지도 말라 상대와 입씨름할 필요는 더더욱 없다. 나의 부정적 정서 반응이 커질수록 '감정 기생자'가 흡수하는 '양분'도 많아진다(단, 상대에게 부정적 정서를 주는 것을 즐기지 않는다는 전제하에).

3 내가 감정적으로 기생하기 좋은 사람은 아닌지 확인하라 만약 나를 '감정 숙주'로 대하는 사람이 주변에 항상 존재한다면 십중팔구 내게도 문제가 있는 것이다. 손뼉도 마주쳐야 소리가 나는 법이다.

4 나와 감정 기생자 사이를 상담할 수 있는 사람을 두라 사고가 명료하고 이성적이며 누구보다 내 편인 사람이면 더욱 좋다. 그리고 감정 기생자를 원망하지 말고 나 자신은 어떻게 행동했는지, 또 어떤 특성 때문인지 생각한다. '뛰어난 재능'이나 '우월한 외모'같이 긍정적인 특성도 고려의 대상이다.

5 **감정 기생자의 영향력이 크다면, 그 이유를 찾으라** 만약 그렇다면 상대가 토네이도 같은 위력을 갖고 있을 수도 있지만 평소 나를 적으로 생각한 사람들이 뭉쳐 한통속이 됐을 가능성도 배제할 수 없다. 사람은 결국 끼리끼리 뭉치기 마련이다. 즉 이르건 늦건 언젠가는 일어날 일이었다는 말이다. 양은 늑대와 어울릴 수 없다. 나는 태생적으로 양인데 늑대 무리 때문에 마음 아파하는 것은 헛고생도 이런 헛고생이 없다.

6 **감정 기생자와 화해할 때는 주의가 필요하다** 드라마틱하게 감정을 푸는 것보다는 침착하고 완만하게 접근하는 편이 좋다. 생각해보라. 양과 늑대가 함께하려면 늑대가 채식을 할 수 있을 때까지 기다려야 하지 않겠는가?

7 **때로는 서로 적절한 거리를 유지할 필요가 있다** 이것이 가장 훌륭한 방식이다. 사랑한다고 해서 반드시 서로 끈끈하게 들러붙어 있어야 하는 것은 아니다. 그건 사랑이 아니다. 나중에 더 큰 아쉬움과 후회를 만들지 않으려면 차라리 지금 서로 조금 아쉬운 편이 훨씬 낫다.

우리의 대화는 여기서 멈췄다. 연휴가 끝난 뒤 출근해서 컴퓨터를 켜자 그녀에게서 메일이 도착해 있었다. 그녀는 나의 조언을 받아들여 남편에게 자신의 생각과 느끼는 바를 솔직히 털어놨다. 그러자 이야기를 심각하게 듣던 남편이 이렇게 말했다. "내가 외지에서 공부하던 시절에 어쩌다 집에 돌아가면 부모님은 항상 주머니를 탈탈 털어 있는 돈을 전부 내게 쥐여주셨어. 빠듯한 살림에 두 분도 당장 쓸 돈이 없으셨는데 말이지. 지금 내가 부모님께 조금이라도 더 드리려고 하는 건 효도나 희생 같은 게 아니라 정말 빚을 갚는 심정에서 그러는 거야. 받은 만큼 돌려드리자는 거지. 빚지고는 못 살겠다는 식이랄까. 하지만 당신에 대한 마음은 달라." "뭐가 달라?" "그걸 꼭 말로 해야 알겠어?" "당연하지. 말로 안 하면 어떻게 알아?" "부모님한테는 빚을 갚는 거고, 당신은 사랑하는 거지."

내 안에

있는

나를 보다

추운 겨울, 고슴도치 두 마리가 온기를 얻으려고 서로에게 다가간다.

가까워질수록 서로의 기다란 가시에 찔려 너무 아팠다.

어쩔 수 없이 가까이 가지 못하고 떨어져야 했다.

너무 멀면 춥고, 너무 가까우면 아픈 우리.

적당한 거리를 찾을 때까지 가까워졌다가 멀어지기를 반복해야 했다.

온기를 얻으면서 상처도 받지 않을 수 있는 거리를 찾기 위해.

고슴도치가 말한다.

"사랑에는 적당한 거리가 필요해."

서로 상처 주고 상처 받는 것은

결국 너와 나 사이에 적당한 거리를 찾기 위함 아닐까.

고슴도치 효과

사랑에도 적당한
거리가

필요하다

이른 아침 사람이 가득한 지하철 안, 교복을 입은 남자 고등학생 몇 명
이 출입문 가까이에 몰려서서 키득대고 있다. 뭔가 재미있는 이야기가
오갔는지 갑자기 다들 박장대소하는 와중에 한 학생이 그만 균형을
잃고 뒤로 기우뚱했다. 마침 바로 뒤에 서 있던 양복 차림 직장인은 학
생이 자신에게 부딪칠 듯 가까워지자 미간을 가볍게 찌푸리며 좀 더
안쪽으로 자리를 옮겼다.

　고등학생 무리 중 눈썰미가 좋은 하나가 상황을 눈치채고는 놀리듯
친구에게 말했다.

　"야, 왜 사람을 밀고 그래?"

　"내가 언제!" 균형을 잃었던 학생이 재빨리 몸을 곧추세우며 억울하

다는 듯 반박했다. "난 닿지도 않았어!"

　바로 곁에서 모든 것을 본 목격자로서 증언하건대 그 학생과 그 직장인은 정말 머리카락 하나도 닿지 않았다. 그렇다면 직장인은 왜 자리를 옮겼을까? 사람은 누구나 남이 허락 없이 자신에게 가까이 다가오는 것을 싫어한다. 그래서 타인의 뜨뜻한 기운이 불편할 정도로 가깝게 느껴지면, 다시 말해 자신의 경계가 누군가에게 침범당했다고 판단되면 자신도 모르게 본능적으로 피한다. 물론 '경계를 침범당했다'는 느낌은 매우 주관적이며, 적절하다고 느끼는 거리 역시 사람마다 다르다.

　몸이 그렇듯 마음에도 적절한 거리와 경계가 있다. 그런데 마음의 경계를 지키는 일은 몸의 경계를 지키는 것보다 훨씬 어렵고 민감하다. 지하철에서 낯선 사람이 나의 경계를 침범하지 못하게 하기는 쉽지만, 가족이 내 마음의 경계를 넘나들 때는 대응하기가 쉽지 않다. 때로는 나 역시 알게 모르게 사랑하는 사람의 사적 영역에 허락 없이 발을 들이밀기도 한다.

'힘내지 않아도 된다'는 말이
간절히 필요할 때가 있다

가족 중에서도 나의 사적 영역에 가장 쉽게 발을 들이미는 사람이 누구냐고 묻는다면, 이성적인 나는 '엄마'라고 하겠지만 감성적인 나는 '아버지'라고 대답할 것이다. 실제로 아버지는 나의 감정적 지뢰를 제일 쉽게, 가장 많이 건드리는 사람이다.

아버지는 형제자매가 많다. 이해를 돕기 위해 부언하자면 우리 할머니 혼자 낳은 자식만으로 축구팀 하나를 꾸릴 수 있을 정도다. 무남독녀인 나로서는 수많은 형제자매와 부대끼는 생활이 어떤지 상상조차 되지 않는다. 고만고만한 아이 십여 명이 고삐 풀린 망아지처럼 집 안을 뛰어다니는 장면을 떠올리기만 해도 멀미가 날 지경이다. 아버지는 그 혼란한 틈바구니에서 대체 어떻게 살아남았을까?

식구가 많은 만큼 결코 넉넉하지 않은 환경이었지만 다행히 아버지는 적극적인 성격으로 자랐고 여러 가지 불리한 조건에도 불구하고 위의 두 형과 마찬가지로 그 지역에서 가장 좋은 중학교에 당당히 합격했다. 그러나 고등학교 진학을 앞두고 연합고사를 망치는 바람에 제1지망 학교에 가지 못했다. 그때부터 자신이 성공이라고 생각하는 길에서 조금씩 멀어지게 되었다.

아버지는 손가락 하나가 잘리고 없다. 어린 시절 아버지가 손가락을 잃은 사정을 엄마에게 분명히 들었는데 어찌 된 일인지 내 머릿속에는 전혀 다른 이야기 두 개가 존재한다. 하나는 수업료를 벌기 위해 공장에서 일하다 그만 기계에 손가락이 끼어 잘렸다는 것이고, 다른 하나는 한때 나쁜 길에 빠져 조직폭력배 세계에 발을 들였는데 나중에 빠져나오려고 스스로 손가락 하나를 잘랐다는 것이다.

좀 이상하게 들리겠지만 어느 면에서 보아도 전자가 사실일 텐데도 나는 조폭 버전을 사실이라고 기억할 때가 더 많다. 아마도 평범하고 가슴 아픈 이야기보다 드라마틱하고 충격적인 전개가 내가 생각하는 아버지의 영웅적 이미지와 훨씬 어울리기 때문이리라.

제1지망을 놓친 데서 시작된 아버지의 콤플렉스는 알게 모르게 내게도 영향을 미쳤다. 그나마 초등학교 때는 공부를 꽤 잘했던 터라 괜찮았는데, 문제는 중학교에 간 다음이었다. 수업은 갈수록 어려워지는데 도통 따라갈 수가 없었던 것이다. 심지어 재미가 없어서 아예 공부를 안 한 과목도 있었다. 나는 자연히 학업에 흥미를 잃었고, 성적도 조금씩 떨어졌다.

고등학교 연합고사가 코앞인데도 여전히 동아리 활동에만 몰두하고 있던 나에게 어느 날 아버지가 물었다.

"타이난 제1고등학교도 음악과는 여학생을 받는 모양이더구나. 거기 시험을 한번 볼 테냐?(타이난 제1고등학교는 남자 고등학교임-역주)"

갑작스럽다 못해 황당한 제안에 나는 두려움마저 느꼈다. 오로지 명문고에 보내겠다는 일념 하나로 딸을 남고에 보낼 궁리를 하다니! 만약 내가 좋은 고등학교에 가지 못하면 나보다 아버지가 더 큰 상처를 받을지도 모른다고 생각하자 그 뒤에 닥칠 일이 끔찍하게만 여겨졌다.

지금 생각하면 죄송하나 그때는 그랬다. 청소년이었던 나의 이해력이 그것밖에 되지 않았다.

내가 내 앞가림을 하느라 좌충우돌할 때 아버지는 직장에서 고군분투했다. 아버지가 직장에서 한창 잘나갈 때 나는 석사 학위를 따고 박사 과정에 합격했다. 아버지가 커리어 슬럼프에 빠졌을 때 나 역시 꽤 오래 가라앉아 있었다. 아버지가 퇴직하고 갑자기 가르치는 일에 뛰어들었을 때 나도 타이베이로 돌아와 교편을 잡았다. 우리의 인생은 무의식적으로 같은 굴곡의 평행선을 그렸고 나는 아버지의 그림자를 보며 달렸다.

나는 내가 여기까지 얼마나 힘들게 왔는지를 아버지가 알아줬으면 했다. 그러나 너무 힘들어서 그만두고 싶다는 뜻을 비칠 때마다 아버지는 늘 같은 말로 내 말문을 막았다.

"최소한 교수가 될 때까지는 버텨야지." 그리고 따스한 위로 대신 교수 임용 정보를 잔뜩 모아다가 내게 안겼다.

우리가 대화를 자주 하는 편은 아니었지만 어쩌다 한두 마디를 나눌 때면 아버지는 어김없이 나를 화나게 했다. 물론 아버지가 내게 전하고 싶었던 말은 힘내라는 것이었으리라. 하지만 나는 아버지가 가끔은 '힘내지 않아도 된다'라고 말해주기를 바랐다.

가끔은 '힘내지 않아도 된다'는 말이 오히려 진짜 힘이 되기도 한다는 사실을, 그때의 부모들은 잘 모르는 것 같았다.

낯설고 먼 우리,
상처 주지 않을 적당한 거리를 찾다

일본 데카당스 문학의 대표 작가 다자이 오사무津島修治는 "나는 평생 다른 사람을 위해 살았다"고 말했다. 어쩌면 나 역시 무의식중에 부모를 위해 살아왔는지도 모른다. 이는 비단 나 한 사람의 이야기가 아니다. 의외로 많은 사람이 부모에게 실망한 눈길을 받느니 차라리 죽는 편이 낫다고 생각한다. 부모의 실망한 눈길 속에서 충분하지 못한 자신이, 완벽하지 못한 내가 보이기 때문이다.

그러나 죽으란 법은 없다 했던가. 성장 과정에서의 이러한 경험 덕에 나는 《상담학 개론》의 구절을 처음부터 전부 이해할 수 있었다. 또한 순탄치 않았던 부모와의 관계 덕분에 오히려 꽤 괜찮은 상담심리 전문가가 될 수 있었다. 부모와 나 자신을 깊이 이해할 수 있게 해준 심리 상담은 나를 계속해서 살게 하는 힘, 나의 구원이 되었다.

현재 아버지는 정년퇴직을 앞두고 있다. 이번에야말로 은퇴 생활을 즐기나 했는데, 또다시 새로운 일자리를 찾는 중이다. 컴퓨터 앞에 앉아 자판을 두드리는 아버지의 뒷모습을 보면서 나는 불현듯 깨달았다. 그랬다. 여태껏 아버지가 나를 대한 방식은 사실 스스로를 대하는 방식이었다. 모든 남자가 그러하듯, 나의 아버지도 퇴직 이후 늙어가는 것 외에 할 일이 없는 삶을 두려워하고 있었다. 이제 자식의 도움과 동행이 필요한 때가 됐건만 아버지도 나도 서로에게 선뜻 손을 내밀지 못했다. 그뿐이랴. 지금껏 살아오는 동안 익숙해져버린 어색함과 낯섦 때문에 우리는 자신도 모르게 서로를 찌르고 상처 입히고 있었다.

유명한 고슴도치 이야기가 떠올랐다. 춥고 매서운 겨울, 사랑하는 고슴도치 한 쌍이 가까이 붙어 온기를 나누려 한다. 하지만 너무 가깝게 다가가면 서로의 가시에 찔려서 아프기에, 적당한 거리를 찾아 물러섰다 다시 다가서기를 반복한다. 그러다 마침내 서로를 찌르지 않으면서도 온기를 나눌 수 있는 거리를 찾았고, 고슴도치들은 비로소 편안하게 잠이 들었다.

어쩌면 우리와 우리의 부모도 서로 적당한 자리와 거리를 찾고 있는 중일지도 모르겠다.

가끔은 '힘내지 않아도 된다'는 말이
오히려 진짜 힘이 되기도 한다.

상대의 사랑을 지나치게 갈망한 나머지
오히려 상대에게 상처 입히고 사랑 때문이라고 말하다

아동정신분석학자 도널드 위니컷Donald W. Winnicott은 아기의 부정적 행동(울거나 남을 때리는 등)이 '공격' 본능에서 비롯됐다는 기존의 정신분석학 관점을 반박하며 아기의 이런 행동이 오히려 '사랑' 때문이라고 주장했다. 그리고 상대에게 상처를 주는 이런 종류의 '사랑'을 '무정한 사랑'이라고 칭했다.

공격은 처음부터 상대에게 위해를 가하려는 의도로 행해지지만, 이와 달리 무정한 사랑은 상대를 지나치게 갈망한 나머지 상처를 입히는 경우가 부지기수다.

위니컷은 다만 잘못된 기준을 휘둘렀을 뿐, 무정한 사랑도 공격이 아닌 사랑의 하나라고 보았다. 위니컷이 말한 무정한 사랑은 '고슴도치 이론'의 바탕이 되었다.

나에게 진실하고 싶지 않아.

그래야 당신의 그 말을 못 들은 척, 당신의 그 행동을 못 본 척할 수 있으니까.

아직 당신은 내 곁에 있다고, 그렇게 믿고 싶으니까.

왜 스스로에게 진실해야 해?

진실하면 난 당신을 잃게 돼.

나를 계속 속이면 당신도 계속 내 곁에 남아 있지 않을까.

석양 효과

불완전한 현실을 직시하느니
차라리

희망에 매달리다

서른 살 되던 해, 그녀는 친구의 애인과 사랑에 빠졌다. 따지자면 친구
의 잘못이었다. 혼자 훌쩍 외국으로 떠나버려서 애인을 외롭게 만들었
으니까.

  원래 그녀와 그는 따로 연락하는 사이가 아니었다. 그런데 같은 직종
에 있다는 인연으로 어떤 프로젝트를 같이하게 되면서 많은 시간을
함께 보내게 되었고, 자연스레 미묘한 감정이 생기기 시작했다.

  "그가 고백한 것은 아니지만 난 알아요. 그는 날 사랑해요."

  "그럼 잘된 일 아닌가요? 당신이 원하던 것이잖아요."

  나의 질문에 그녀는 잠시 머뭇거리다 입을 열었다.

  "그렇긴 한데 ……. 친구가 조만간 돌아오거든요."

친구는 학업을 마치고 곧 귀국한다고 했다. 그래서인지 요즘 들어 그는 자주 초조해했고 그녀는 눈물이 많아졌다. 한 침대에 세 사람이 누워 있는 꼴이었다. 그 침대 위에서 아무것도 모르는 사람은 마냥 행복하겠지만 모든 것을 아는 두 사람은 고통에 몸부림칠 수밖에 없었다.

그녀는 그가 빨리 결정을 내리기를 바랐다. 자신과 친구 사이에서 고민하지 말고 어느 쪽이든 빨리 선택하면 좋겠다고 했다.

여기까지 듣고 나니 궁금해졌다. 그는 왜 선뜻 결정을 내리지 못할까? 사실 이는 애당초 그녀가 품었어야 했을 의문이었다. 일반적으로 새로운 사람을 만나면 옛 사람은 잊히기 마련이다. 만약 그렇지 않다면 옛 사람에게 미련이 있다는 뜻이다. 이는 곧 새로운 사람이 그만큼 매력적이지 않다는 의미도 된다. 새로운 연애의 매력이 옛 사람을 향한 감정을 완전히 씻어낼 만큼 강력하지 않은 것이다.

누가 봐도 명확한 상황이었지만 나는 그녀에게 아무 말도 하지 않았다. 남이 아무리 뭐라 한들 스스로 겪고 깨닫기 전에는 아무 소용 없는 때가 있는데, 그녀에게는 지금이 바로 그런 시기였다. 그래서 대신 이렇게 물었다.

"다른 사람을 다 차치하고 오직 자신만 생각한다면 어떻게 하고 싶은가요?"

그녀는 한참 망설이더니 "당연히 그와 함께하고 싶죠"라고 말했다.

"그럼 가보세요."

나는 그녀에게 돌아보지 말고 앞만 보고 가라 했다. 왜냐하면 그녀의 마음속에는 여전히 희망찬 앞날을 희미하게 비추는, 석양처럼 옅은 빛이 남아 있었기 때문이다.

"그녀에게 돌아간다면
양심에 걸려서야, 아니면 사랑해서야?"

하지만 감정의 핵심에 가까워질수록 그녀는 자신의 마음이 그의 마음보다 훨씬 크다는 사실을 깨달았다. 두 사람은 '선택의 문제'를 놓고 갈등했고, 이 문제가 수면 위로 올라올 때마다 크게 다퉜다. 차라리 그를 놓아버리고 싶기도 했지만 도무지 자신을 설득할 수가 없었다. 그를 너무나 사랑했기 때문이다. 결국 그녀는 그에게 가슴 깊숙이 걸려 있던 질문을 던지고 말았다.

"만약 당신이 그 애에게 돌아간다면 그건 양심에 걸려서야?"

그녀는 내게도 같은 질문을 했다. 나는 질문이 틀렸다고 답했다. 사실 그녀가 진짜 묻고 싶었던 말은 이것이었다.

"만약 당신이 그 애에게 돌아간다면 그건 양심에 걸려서야, 아니면 사랑해서야?"

그녀는 내 말을 듣자마자 부르르 떨었다. 눈물이 곧 그렁그렁 차올랐다. 나는 그녀에게 사실 그 질문은 아무 의미가 없다고 했다.

"그가 양심 때문에 돌아간다고 하면 당장 기분은 좀 낫겠죠. 하지만 마음에 미련이 남을 거예요. 해거름 녘 남은 빛처럼, 그가 언젠가는 내게 다시 돌아올지도 모른다는 희미한 기대가 비치겠죠. 만약 그가 사랑해서 돌아간다고 하면 당신은 고통에 빠질 거예요. 여태껏 내 감정을 갖고 놀았나 싶고, 함께한 시간을 전부 부정당한 것 같아 괴로울 테죠. 결국 어떤 대답을 듣든, 당신이 이 감정을 극복하고 원래의 자신으로 돌아가는 데는 아무런 도움이 안 돼요."

그녀의 얼굴에 쓰디쓴 미소가 떠올랐다.

"이 길을 가기로 결정한 순간, 나는 이미 원래의 나를 잃어버렸는걸요."

맞는 말이다. 그녀가 그를 사랑하기 전의 자신으로 돌아가기에는 너무 늦었는지도 모른다. 그러나 한편으로는 자기도 모르던 자신의 일면을 알게 되지 않았는가.

이날 그녀는 그에게 연락하지 않았다. 대신 오랜만에 서류 케이스를 열고 그간 피폐한 감정 때문에 소홀했던 업무에 온 신경을 쏟았다. 잠시 관심을 다른 곳에 돌린 것만으로도 고통이 조금은 덜해지는 느낌이었다. 적어도 숨은 쉴 수가 있었다. 그 뒤로 며칠을 일에만 열중했다. 그러다 우연히 휴대전화를 보고 그동안 그에게서 문자 한 통 오지 않았다는 사실을 떠올렸다. 다시금 가슴이 조이듯 아파왔다. 두 사람은 언제든 이만큼 거리가 벌어질 수 있는 사이였던 것이다.

두 주 후, 그녀는 남자의 집으로 가 자신의 물건을 챙겼다. 그리고 복잡한 눈빛으로 자신을 보는 그에게 말했다.

"두 사람, 축복할게."

행복하길 바란다고 하지 않았다. 왜냐하면 진심이 아니기 때문이다. 그는 그녀를 꼭 안았고 그녀는 울었다. 이것이 이별의 포옹임을 그녀는 알았다.

귀국 기념으로 셋이 함께 만난 날, 친구는 아무것도 모른 채 그의 품에 기대어 행복한 미소를 지었다. 그녀를 보는 그의 눈빛은 여전히 복잡했다. 그녀는 그들을 피하기 시작했다.

"웃으며 볼 자신은 없어서요." 그녀가 말했다.

두 사람을 축복한다는 말이 그녀에게는 어떤 의미였는지 물었다.

그녀는 버림받은 여자로서 마지막 보복이었다고 말했다. 왜냐하면 그의 마음속에 가장 아름다운 모습을 남겼기 때문이다.

그녀는 남은 감정과 미련을 잊기 위해 일에 집중했고 승승장구했다. 지금 그녀는 화려한 독신이다.

인생의 시작은

자신을 어떻게 정의하느냐에 따라 달라진다.

자기 자신을 통제하고 유지하기 위해
이미 상대를 잃었다는 현실을 직시하지 않고
끝까지 희망을 붙들며 고통을 외면하다

정신분석학자 멜라니 클라인은 아기가 내면의 불안함에 대처하기 위해 환상을 만든다고 주장했다. 예를 들어 엄마의 부재로 불안함을 느끼면 손가락을 빨거나 좋아하는 인형을 끌어안는데, 이러한 애착 전이 행동을 통해 엄마가 곁에 있는 듯한 느낌을 꾸며낸다는 것이다.

'석양 효과'는 클라인의 이론에 착안해, 성인도 애정 관계에 문제가 생기면 아기처럼 자신을 위로하기 위한 환상을 만들어낸다는 데 주목한 것이다.

어떤 사람들은 모든 것이 명백히 끝난 상황에서도 언젠가 사랑이 저절로 회복되리라는 희망을 놓지 않는다. 그러면 가슴 아픈 현실을 직시하지 않아도 되고, 어쩌면 헤어지지 않을 수도 있다는 기대에 불안함을 조금이나마 잊을 수 있기 때문이다. 그러나 이런 상태가 계속되면 결국 현실을 제대로 인지하고 판단할 수 없게 된다.

내
감
정
과
의

대
화

수많은 사람 중에 서로를 찾아낸 우리.

이 관계가 소중했기에 나는 이렇게 하고 너는 저렇게 했지.

각자의 입장에서 너를, 나를, 우리를 보호하려 했던 거야.

서로 자신이 옳다 여기면서 ······.

만약 우리 관계에 문제가 생긴다면 누구 탓일까?

나는 네 탓이라고 하겠지.

네가 내 탓으로 여기는 것처럼.

결국 우리는 서로에게 손가락질하며 잘잘못을 따져댈 거야.

그 모든 행동이 서로를 더욱 사랑하기 위한 것이었다는 사실은 까맣게 잊은 채

······.

첨가물 효과

결혼 생활에 독이 퍼졌다면 부부는
서로에게

무슨 독을 풀었을까

2010년 전후였을 것이다. 중국에서 멜라민 분유 파동과 가소제 함유
과자 사태 등 식품 독성첨가물 사건이 연이은 적이 있다.

그즈음에 홍콩 가족치료연구소의 가족치료 전문가 리웨이룽李維榕이
사례 시연차 타이완을 방문했다. 그녀의 강연과 시연은 매우 흥미로웠
다. 그 가운데 아직까지도 나의 뇌리에 깊이 남아 있는 한 장면을 소개
할까 한다. 당시 현장에는 실제 갈등을 겪고 있는 부부 여러 쌍이 동
석했는데 그중 특히 눈에 띄게 서로를 질책하는 부부가 있었다. 대충
봐도 그간 쌓인 원한과 감정이 두터운 듯했다. 리웨이룽은 이 부부가
다투는 모습을 가만히 지켜보다가 갑자기 물었다.

"요즘 독 분유 사건이 화제라지요? 그래서 말인데 두 분께 물어볼게

요. 두 분의 결혼 생활에 독이 퍼졌다면, 각자 무슨 독을 풀었는지 혹시 알고 있나요?"

대담하고 가차 없는 질문에 부부는 순간 싸우던 것도 잊고 멍해졌다. 그러더니 둘 다 말을 잃고 '내가 나의 결혼 생활에 대체 무슨 독을 풀었는가'를 진지하게 고민하기 시작했다.

나는 인간관계에
어떤 첨가물을 넣었는가

리웨이룽의 질문은 내게 많은 생각거리를 안겼다. 확실히 관계는 식품과 같다. 내가 넣은 첨가물 조금, 네가 넣은 첨가물 조금이 섞여서 우리의 관계를 완성한다. 문제는 첨가물에 독성이 있는 경우다. '조금인데 뭐 어때'라는 생각으로 집어넣다 보면 결국 언젠가 독 분유 파동처럼 생명을 위협할 만큼 엄청나게 위험한 상황을 초래할 수도 있다.

오랫동안 상담실에서 수많은 커플과 부부의 대화를 관찰하면서 나는 관계의 첨가물에 두 종류가 있음을 알게 되었다. 첫째는 선천적 첨가물이다. 구체적으로 말하자면 '원재료끼리 화학 작용을 일으켜 만들어진 것'이다. 여기서 원재료란 성격 특성이나 내면적 불안, 개인의 갈망 등을 들 수 있다. 두 번째는 후천성이 강한 첨가물이다. 업무 스트레스, 원가족과 인척 관계에서 비롯된 스트레스 등이 그 예다.

나와 남편은 결혼한 지 올해로 십오 년째다. 지금이야 그러려니 하지만, 결혼 초기만 해도 나는 남편의 표정을 보고 화가 난 것으로 자주 오해했다. 남편은 생김새 자체가 웃음기가 없으면 무서울 정도로 차가워 보이는데 알면서도 그 표정에 익숙해지기가 힘들었던 것이다. 그런가 하면 남편은 집에만 들어오면 한없이 게으르고 너저분해지는 나의 건어물녀 습성을 아주 싫어했다.

이 두 가지 성격 특성은 우리가 각자 결혼 생활에 투입한 '원재료'라 할 수 있다. 그리고 이것들이 한데 이겨지고 반죽되면서 우리 부부만의 독특한 결과물을 만들어냈다. 나는 남편의 차가운 얼굴 표정에서 권위적이었던 아버지를 연상했고, 남편은 게으른 내 모습에서 무심했던 자기 어머니의 그림자를 읽어냈다. 원래는 전혀 상관없는 특질이 하나의 관계 속에 같이 담기면서 상대의 가장 깊은 곳에 자리한 감정을 건드린 것이다. 그 결과 우리는 불안과 초조, 채워지지 못한 갈망을 느끼며 점차 상대에 대한 자신만의 주관적 생각을 형성해나갔다. 다시 말해 남편은 나름의 생각을 가지고 나를 봤고, 나 역시 남편에게 나의 주관을 덧입혔다. 이런 주관이 바로 관계의 첨가물이다. 문제는 이 첨가물에 독이 들어 있다는 사실을 당사자인 우리가 전혀 알지 못했다는 점이다.

"왜 나한테 인상 써?"

사실 남편은 인상을 쓰고 있지 않았다. 다만 딱히 웃지 않았을 뿐이다.

"무슨 잠옷 바지가 그렇게 커? 곰이 누워 있는 줄 알았네."

남편 딴에는 유머러스하게 돌려서 한 말이었지만 나는 그 속에 숨겨진 가시를 느낄 수 있었다. 그럴 바에는 차라리 대놓고 "여보, 살 좀 빼야겠다"라고 말하는 편이 낫다고 느껴질 정도였다.

세상에는 이처럼 독이 든 첨가물의 존재를 깨닫지 못하고, 상대를 부정하고 인신공격하며 어렵게 쌓아온 소중한 감정을 망쳐버리는 부부가 너무나, 정말 너무나도 많다.

나에게
'사랑'을 가장 잘 가르쳐준 사람들

첫 번째 첨가물이 당사자들도 모르는 사이 부부 관계에 독성 반응을 일으키는 상황에서 두 번째 첨가물이 더해지면 관계는 그야말로 일촉즉발, 풍전등화의 상태가 된다.

이런 경우를 상상해보자. 하루 종일 밖에서 시달리다 겨우 집에 돌아왔는데, 현관에 들어서자마자 배우자가 이렇게 말한다.

"오늘 옷이 그게 뭐야? 되게 뚱뚱해 보이네!"

그나마 기분이 괜찮다면 다짜고짜 화를 내는 대신 상대가 왜 그러는

지, 왜 뜬금없이 그런 소리를 해대는지 살펴볼 여유라도 있지만, 밖에서 이미 시달릴 대로 시달린 상태라면 그 말이 떨어지는 순간 전쟁 발발이다. 열전이든 냉전이든 피할 수 없다.

그런데 이처럼 전쟁을 유발한 원인 제공자는 정작 자신이 상대를 불편하게 만들었다는 사실을 잘 모른다. 가족치료를 셀 수 없이 해본 사람의 말이니 믿어도 좋다. 때문에 부부 사이에 전쟁이 벌어지면 둘다 상처를 받고 서로 상대 탓을 한다. 그러나 사실은 자신이 관계에 어떤 독을 풀어놓았는지조차 알지 못하는 무지함이야말로 가장 큰 원흉이다.

무지로 인한 다툼은 종종 에너지 소모로 치닫는다. 서로 상대를 '도무지 말이 통하지 않는 사람'으로 여기고 그만두려고 해도 어떻게 해야 다툼을 멈출 수 있는지 알지 못하기에 소모적 충돌을 계속할 수밖에 없다. 이런 상황이 계속되면 원하든 원치 않든 관계는 결국 깨진다.

수년간의 결혼 생활을 통해 내가 배운 한 가지 중요한 사실은 눈앞에 벌어진 일을 그저 단순하게 보이는 대로 받아들이지 말라는 것이다. 모든 행동, 모든 관계의 배후에는 반드시 나름의 독특한 맥락이 있다. 그 맥락을 발견하고 읽을 줄 알아야 한다. 그뿐만 아니라 스스로를 돌아보며 자신이 관계에 어떤 첨가물을 넣었는지 발견하는 법을 배워야 한다. 그래야 '저 사람 왜 저래?'라는 답이 없는 질문과 고통스러운 집착에서 벗어날 수 있다.

유명한 언론인인 천원시陳文茜는 이렇게 말했다.

"인생에는 슬기로움과 선량함이 모두 필요하다. 슬기로움은 다른 이를 꿰뚫어 보고 인간의 본성을 이해하게 하며, 선량함은 타인의 어려움을 이해하고 놓아주는 법을 깨닫게 한다."

물론 선량함에도 한계가 있다. 무조건적인 선량함은 어리석음과 별반 다르지 않다. 그러나 배우자와 가족에게는 한계선을 조금 더 넘어서는 선량함을 베풀어야 한다. 왜냐하면 어쩌면 이들이야말로 이 세상에서 나에게 '사랑'을 가장 잘 가르쳐줄 수 있는 사람들이기 때문이다.

상대의 어떤 행동이 나의 어떤 행동을 유발하고, 나의 어떤 말이 상대의 어떤 반응을 이끌어내다

가족치료 중 '상호성mutuality'이란 개념이 있다. 이는 관계에서 각자의 행동이 서로에게 영향을 미치면서 일종의 질서를 만들어나간다는 뜻이다.

쉽게 말하자면 상대의 어떤 행동이 나의 어떤 행동을 유발하고, 또 나의 어떤 말이 상대의 어떤 반응을 이끌어내는 식이다. '첨가물 효과' 역시 상호성 개념의 연장선상에서 이해할 수 있다.

내 평생 절대 당신 같은 사람이 되지 않겠노라고 다짐하고 또 다짐했다.

하지만 불행하게도 어른이 된 나는 갈수록 당신을 닮아간다.

신은 내게 왜 이리도 가혹한지.

나는 나를 왜 이렇게 대할까, 당신은 나를 왜 또 그렇게 대했을까.

신은 말한다.

내가 당신을 닮도록 허락한 것은, 나를 당신과 다른 사람으로 만들기 위해서라고.

처음에는 이해하지 못했다.

당신이 나에게 해주기를 바랐던 방식대로 내가 그를 대하기 전까지는.

그제야 알았다.

나는 정말로 당신과 달라질 수 있었다.

그리고 이제 당신과 나 사이도, 달라질 수 있을 것 같다.

복제 효과

당연히
부모의 행동을 따라 하지 않는다고

믿다

학교에서 상담을 하다 보면 가슴 아픈 상황을 자주 접하게 된다. 특히 부모들이 자기 자녀에게 조금의 관용도 베풀지 않고 그저 가혹하게만 대하는 모습을 보면 내가 그들의 자녀가 된 양 견디기 힘들 때가 많다.

그날도 그랬다. 그날, 나는 태풍이 몰아치는 험악한 날씨를 뚫고 학교로 뛰어갔다. 딸이 남자와 잤다는 사실을 우연히 알게 된 부모가 딸의 다리를 분질러놓겠다며 몽둥이를 들고 학교에 난입했기 때문이다. 다행히 이들이 딸에게 폭력을 휘두르기 전 가까스로 끼어들어 몽둥이를 붙들 수 있었다. 부모의 얼굴에는 태풍보다 격렬한 광기가 일렁였고 그들의 딸인 여학생은 내 뒤에 숨어 바들바들 떨었다. 나는 여학생을 보호하며 최대한 엄격한 목소리로 부모를 나무랐다. 아무리 잘못했어도 자기 자식을 이런 식으로 대하면 안 된다며 말렸다.

한참 대화를 나눈 후, 부모는 돌아갔다. 그런데 우연히 보게 된 그들의 뒷모습이 내 시선을 붙들었다. 부부는 서로에게 기대어 터덜터덜 정문을 향해 걸어가는 중이었다. 부인은 어깨를 축 늘어뜨린 채 비틀거렸고, 남편은 체념한 듯 고개를 가로저으며 부인을 토닥였다. 비록 들리지는 않았지만 이렇게 말하는 것 같았다.

"저 아이도 이제 다 컸으니 우리가 어쩔 수 없지."

거기에는 오랫동안 애써 지켜온 가치가 한순간에 무너지고 이마에 일평생 지울 수 없는 오점이 찍혀버린 사람의 애처로움이 있었다. 다시 돌아올 수 없는 순수한 시절에 대한 안타까움마저 느껴졌다.

나는 여전히 내 뒤에 숨어 있던 여학생을 나도 모르게 끌어안았다. 그녀는 이제 막 피어나는 꽃과 같았다. 아무리 부모라 해도 함부로 모욕하거나 손을 대서는 안 됐다. 내가 그들 사이에 개입한 것은 분명 옳은 선택이었다. 그런데 갑자기 늙어버린 듯한 부모의 뒷모습이 왜 이토록 마음에 걸리는 것일까? 나는 불현듯 깨달았다. 그렇다. 그들도 시행착오를 겪으며 배우는 중이었다. 그들 역시 이제 겨우 비틀거리며 걷는 법을 배우는 아이에 불과했다.

사랑 앞에서는 부모도
이제 겨우 걸음마를 하는 아이와 같다

예전에 《부모와 화해하기》(국내 미출간-역자)라는 책에 '사랑과 무능'이라는 심리 현상을 다룬 적이 있다. 안타깝지만 이 세상에는 자신이 낳고 기른 자식을 학대하는 부모가 정말 많다. 또 어떤 부모는 늘 가혹하고 부정적인 방식으로 자녀를 대한다. 자기 자식인데도 좀처럼 신뢰를 주지 않고 늘 불안에 떨게 만드는 부모도 부지기수다.

이들은 자기 자녀를 대체 왜 이렇게 대하는 것일까? 대개는 '이 방법밖에 몰라서'다. 이런 방식에 익숙할 뿐만 아니라 자녀의 인생이 엇나갈 위험을 미연에 방지하는 데 이만큼 효과적인 방법은 없다고 믿기 때문이다. 이런 부모는 자녀를 사랑하지만 정작 자녀가 원하는 사랑이 무엇인지는 이해하지 못한다. 그러나 마냥 이들 탓만 할 수도 없다. 이들 역시 자신의 부모에게 이해받지 못하고 자랐기 때문이다. 이해를 받아본 경험이 없는 사람은 자기 자신조차 이해할 줄 모르는 어른으로 자란다. 자기 자신조차 이해할 줄 모르는 사람에게 갑자기 타인을 이해하는 능력이 생기기를 바랄 수는 없는 일 아닌가.

나는 이를 '사랑하지만 무능한' 상태라고 정의한다. 십오 년 넘게 상담을 해오면서 아무리 열심히 노력해도 좀처럼 '사랑하지만 무능한' 상태에서 벗어나지 못하는 어른을 수도 없이 만났다. 이들은 부모에게 이해를 받지도, 구하지도 않고 성장했으며 이제 자신의 부모가 자신을 기른 방식대로 자녀를 키우려 한다. 또한 그것이 사랑이라고 믿는다. 그런데 지금 이 사회는 이들의 자녀에게 그런 방식이 틀렸다고 가르친다. 이들에게도 '그런 사랑은 틀린 것'이라 선언하고, 어떤 방식이 '진짜 자녀를 사랑하는 방식'인지를 가르치려 애쓴다. 하지만 안타깝게도 사랑하는 능력은 배워서 얻어지는 것이 아니다. 오로지 직접 몸으로 겪어야만 얻을 수 있다.

나는 이 사회가 '사랑하지만 무능한' 상태에 있는 어른들에게 지나치게 가혹하다고 느낀다. 자녀들에게 먼저 부모를 이해해보려 노력하라고 조언하는 사람이 없다는 점도 아쉽다. 자신을 이해해주지 못하는 부모의 무능함도 역시 사랑이라는 사실을 알면 실은 우리 모두가 사랑이라는 과업에서만큼은 끊임없이 성장하며 배우는 중임을 깨닫게 된다.

**사과는 나를 위한 것,
상대가 용서하지 않아도 괜찮다**

'사랑하지만 무능한' 상태는 어떻게 대물림될까? 이해를 돕기 위해 어느 아빠와 아들의 이야기를 해볼까 한다.

이 아빠는 어린 시절을 상당히 불행하게 보냈다. 일찍이 부모가 이혼하고 홀아버지 밑에서 자랐는데, 오직 그가 성공하기만을 바랐던 아버지는 그를 엄격하다 못해 가혹하게 길렀다. 특히 성적에 집착해서, 퇴근한 뒤에는 늘 그의 곁을 지키고 앉아 공부를 열심히 하는지 감시했다. 그러던 어느 날, 초등학교 저학년이었던 그는 산수 시간에 받아올림이 있는 덧셈을 배웠다. 9 더하기 3처럼 결과가 두 자릿수로 나오는 덧셈이었다. 학교에서 배울 때는 어렵지 않았다. 그러나 집에 돌아와 아버지가 날카롭게 지켜보는 와중에 숙제를 할 때는 어째서인지 자꾸 틀렸다. 처음 몇 번은 반복해서 가르쳐주던 아버지도 그가 한 시간이 넘도록 문제를 풀지 못하자 결국 벌컥 화를 내며 그의 연필과 공책을 집어 던졌다. 그리고 거기서 그치지 않고 손 가는 대로 그를 마구 팼다.

"이런 바보 같은 놈! 너 돼지 새끼야? 대체 누굴 닮아 멍청해?"

그날 이후, 그는 아버지를 극심히 두려워하게 됐고 안 그래도 냉랭하던 부자 사이가 더욱 멀어졌다. 벌써 몇십 년이 지났지만 그는 그날 일을 마치 어제 일어난 것처럼 생생하게 기억했다. 아버지를 향한 두려움은 성인이 된 후 증오로 바뀌었다. 그는 절대 아버지 같은 사람이 되지 않겠노라고 스스로에게 맹세했다.

그에게는 초등학생 아들이 있다. 그리고 얼마 전부터 아들은 바로 그 받아올림이 있는 덧셈을 배웠다. 주말에 아들의 공부를 봐주던 그는 아들이 그 '관문'에 들어섰음을 알자마자 저도 모르게 얼굴을 찌푸렸다. 뱃속 깊은 곳에서 알 수 없는 불쾌감이 스멀스멀 밀려왔다. 그는 몰래 심호흡을 하며, 아들이 잘하든 못하든 절대 아버지가 자신에게 그랬듯 화내지 말자고 속으로 다짐하고 또 다짐했다.

째깍째깍, 시간이 계속 흐르고 아들은 문제 앞에서 쩔쩔맸다. 그는 점차 초조해졌다. 아들이 같은 문제를 또 틀리자 저도 모르게 욱하고 화가 치밀었다. 이성은 안 된다고 외쳤지만 감정이 먼저 튀어나갔다. 다음 순간 그는 자신이 고래고래 지르는 소리를 들었다.

"너 돼지야? 이런 것도 못 해? 왜 이렇게 멍청하냐? 대체 누굴 닮아서 그래?" 그는 아들에게 욕을 퍼부으며 속으로 절망했다.

'아냐, 이건 내가 아니야. 난 이런 사람이 아니라고!'

그는 마치 고해성사를 하듯 내게 자신의 '죄'를 고백했다. 짐작건대 화가 폭발했던 그 순간, 그는 엄청난 고통을 느꼈을 것이다.

사람들은 스스로 자기 행동을 통제할 수 있다고 믿는다. 또 다른 사람의 행동을 무턱대고 모방하지 않고, 먼저 지혜롭게 분별하고 판단할 수 있으리라 착각한다. 그러나 '사랑하지만 무능한' 상태에 놓인 사람은 대부분 무의식 깊숙한 곳에 이런 종류의 통제할 수 없는 감정이 괴물처럼 숨어 있다. 이 괴물은 결정적인 순간에 튀어나와 이들이 자기 부모의 행동을 저도 모르게 고스란히 복제하도록 만든다.

그렇다면 대체 어떻게 해야 할까? '사랑하지만 무능한 죄'가 내게도 있다면 어떻게 하겠는가?

무엇보다도 '사랑하지만 무능한' 순간을 외면하거나 회피하지 말아야 한다. 그 순간이 닥쳤을 때 그저 죄책감에 빠져 있기만 해서는 아무것도 변화시킬 수 없다. 잘못된 행동을 바로잡을 최적의 타이밍을 놓쳐서는 안 된다. 다시 말해 자신의 상태를 깨달은 즉시 '부모가 내게 보였던 것과 다른 행동'을 취해야 한다.

부모를 대신해
어린 시절의 나에게 사과하다

많은 이가 통제할 수 없는 감정 때문에 고민하고 괴로워한다. 특히 순간의 감정을 제어하지 못하고 자녀에게 화를 냈다가 후회하는 부모가 많다(어떤 사람은 자녀가 아닌 배우자에게 감정을 쏟아붓기도 한다). 가장 문제가 되는 것은 자괴감 때문이든 미안함 때문이든, 부정적 감정을 쏟아낸 이후에 아무 일도 없었다는 듯 입을 다물어버리는 경우다.

사람은 심리적으로 불편한 일을 외면하거나 숨기는 경향이 있다. 일종의 방어기제인 셈이다. 하지만 이는 결코 옳은 대처법이 아니다. 원가족의 상황이 복제되어 나타났을 때 이를 제대로 처리하지 않고 외면하면 원가족의 수렁에 점점 더 깊이 빠져서 헤어날 수 없게 된다. 결국 이런 상황을 해결할 유일한 방법은 후회와 괴로움에 빠져 현실을 외면하지 말고 즉시 한걸음 더 나아가 원가족이 했던 것과 전혀 다른 행동을 하는 것이다.

이 아빠는 어떻게 했을까? 아이에게 화를 터뜨리고 모진 말을 쏟아내며 그는 엄청난 죄책감과 분노, 짜증에 휩싸였다. 그러나 겁먹은 아이의 눈동자를 보는 순간, 자신이 어린 시절에 느꼈던 두려움이 떠올랐다. 그는 일단 아내에게 아들을 맡기고 욕실로 가서 찬물 세수를 하며 흥분을 가라앉혔다. 자신의 마음속 재발한 상처도 더불어 도닥였다. 그리고 곧장 아들에게 가서 진심으로 사과했다.

그렇다. 이 아빠는 자신의 아들에게 미안하다고 말했다. 무의식의 세계에서 보면 그는 단순히 자신의 아들에게 사과한 것이 아니었다. 그 시절의 아버지를 대신해서 그 시절의 자신에게 사과했다.

스스로 잘못을 깨닫고 아이에게 사죄할 때 우리는 어린 시절의 자신과 마주하게 된다. 그리고 바로 그 순간, 나를 사랑했지만 어떤 것이 제대로 된 사랑인지 알지 못했던 부모 대신 어린 나에게 '상처 줘서 미안하다'고 사과할 수 있다.

아이가 나를 용서하지 않아도 괜찮다. 왜냐하면 사과는 나 자신을 위한 것이기 때문이다.

그 후, 그의 아들은 받아올림이 있는 덧셈을 금세 배워 할 수 있게 되었다.

어린 시절 부모가 자신에게 상처 준 방식을 강박적으로 기억해두었다가 무의식적으로 반복하다

'복제 효과'와 관련된 심리학 개념은 '반복 강박Repetition compulsion'이다. 반복 강박의 개념을 처음 제시한 사람은 프로이트지만 이에 '과거의 경험과 상황을 맹목적으로 반복하려는 충동'이라는 정의를 내린 이는 영국의 정신분석학자 앨프리드 존스Alfred Ernest Jones다. 이렇게 경험을 반복하는 일이 아무리 자기 파괴적이어도 당사자는 자신의 의지로 그만두지 못한다. 존스가 '강박'이라는 단어를 사용한 것도 이 때문이다.

최근 들어 반복 강박에 새로운 해석이 더해졌다. 정신적 트라우마 극복에 상당한 의미가 있다는 것이다. 사람은 자신이 도무지 이해할 수 없는 상처를 받으면 언젠가 이러한 경험을 명확히 이해할 수 있기를 바란다.

그러기 위해 일단 그 상처를 강박적으로 기억해둔다. 그리고 비슷한 상황이 오면 그 경험을 강박적으로 반복하면서 자신이 왜 상처 받을 수밖에 없었는지를 이해한다. 더 나아가서는 그것을 바로잡고 뛰어넘으려 노력한다. '복제 효과'는 바로 이 점에 중점을 두었다.

나는 당신이 늘 곁에 있으리라 착각했죠.

그래서 당신의 존재 의미를 깊이 생각해본 적도 없어요.

하지만 언젠가는 우리도 이별할 거예요.

어쩔 수 없어요, 세상사가 그러니까.

그때 가서야 당신의 소중함을 깨닫고 싶지는 않지만

그렇다고 매 순간 상실을 두려워하며 당신을 소중하게 대할 도리도 없죠.

어쩌면 난 아직 당신에게 화가 나 있나 봐요.

화를 내면서 동시에 당신을 사랑하는 법을 배우고 있나 봐요.

이별 효과

더 높은 곳을 보지 않고
곁에 있는

이를 바라보다

2010년의 어느 날, 나는 평생 잊지 못할 하루를 보냈다.

그해는 연초부터 힘들었다. 나는 둘째를 임신한 몸으로 박사 과정 마지막 학기를 맞았다. 그 말인즉슨 학기 내에 반드시 논문을 끝내야 했다는 것이다. 게다가 학업과 일을 병행하느라 풀타임 근무를 하고 있었고, 아직 어린 첫째 딸아이도 챙겨야 했다. 당시 아직 퇴직 전이었던 엄마는 그런 내가 걱정되었는지 수시로 휴가를 내서 우리 집에 와 계셨다. 엄마와 함께하는 생활이 늘 즐겁지는 않았지만 그래도 엄마가 집안일과 큰아이를 맡아주면 복잡하고 버거운 일상이 훨씬 가벼워졌다.

문제의 그날은 주말이었다. 주말인데도 출근했던 나는 이른 저녁쯤

집에 도착했다. 마침 엄마는 거실에서 진공청소기를 밀고 있었다. 나는 엄마에게 다녀왔다고 인사하고 이제 그만 쉬시라고 말했다. 엄마는 '응'이라고 대답하고 잠시 멈췄다가 곧 다시 거실 이곳저곳을 누비기 시작했다. 내가 할 테니 그냥 두라고 해도 대답만 할 뿐, 계속 청소기를 끌고 다녔다. 나는 그제야 엄마가 평소와 좀 다르다는 사실을 알아차렸다. 조금 큰 소리로 '엄마!' 하고 부르자 엄마가 진공청소기를 끄고 나를 보더니 갑자기 당황한 표정으로 물었다.

"오늘이 몇 월 며칠이냐?"

순간 나는 어리둥절했다. 엄마가 또 물었다.

"내가 왜 여기 있지?"

"엄마, 무섭게 왜 그래. 나 임신해서 힘들다고 엄마가 도와주러 온 거잖아."

"어머나, 너 임신했니? 아이고, 잘됐다!"

엄마의 얼굴에 어렸던 당혹감이 기쁨으로 바뀌었다. 내가 임신했다는 것을 정말 처음 알았다는 표정이었다.

심장이 쿵쾅거리기 시작했다. 마음속의 불안감이 점점 커졌다. 잠시 후, 설마 하던 상황이 벌어졌다. 엄마가 똑같은 질문을 또 한 것이다.

"오늘 며칠이냐?" "내가 왜 여기 있지?" "임신했다고? 아이고, 잘됐구나!"

나는 즉시 엄마를 모시고 큰 병원으로 달려갔다. 접수하고 진료를 기다리는 내내 오만 가지 생각이 머릿속을 어지럽혔다. 엄마 머리에 이상이 생긴 것일까? 기억을 잃었나? 설마 치매? 이렇게 갑자기? 오늘 아침에도 엄마한테 신경질 부리고 소리 질렀는데 ······.

엄마가 나를 기억하지 못하면 어쩌지? 엄마가 내 곁에 계속 있어줄까?

나락으로 끝없이 가라앉는 것 같았다. 평소 힘들 때마다 구명줄처럼 나를 붙들어 줬던 엄마가 마치 잘못을 저지르고 혼나기를 기다리는 어린아이처럼 불안한 얼굴로 얌전히 앉아 있는 모습을 보니 더욱 심란했다. 엄마는 신의 심판을 기다리는 사람처럼 보였다. 하지만 그 순간 심판대에 서 있는 것은 엄마가 아니라 나였다. 신이 천둥 같은 목소리로 나를 다그쳤다.

'너는 네 어머니를 어떻게 대했느냐? 말해보아라!'

죄송해요, 전 정말 못된 딸이에요. 나는 마음속으로 열심히 빌었다. 제발 엄마를 데려가지 마세요, 우리를 잊게 만들지 마세요.

엄마를 낫게 해주시면 앞으로는 엄마한테 정말 잘할게요.

"검사 결과 아무런 이상도 없습니다." 의사가 말했다.

"아마 갑작스러운 단기 기억장애 같군요. 최근 일어난 일들을 제외한 오래된 기억들은 모두 멀쩡합니다."

"혹시 치매 증상인가요?"

"꼭 그렇다고 볼 수는 없고요."

의사는 고개를 내저으며 애매한 대답을 내놓았다.

"그럼 언제 괜찮아지실까요?"

"사람마다 다릅니다. 금방 좋아지는 분도 있고요. 경우에 따라서는 며칠이나 몇 주, 혹은 그보다 오래가기도 합니다."

집으로 돌아오는 길, 나는 엄마 없는 아이가 된 기분이었다. 그날은 어렸을 때처럼 엄마 곁에 꼭 붙어 함께 잤다. 엄마는 잠들기 전까지 내게 같은 질문을 몇 번이나 했다.

"내가 왜 여기 있지?" "어머, 임신했니? 아이고, 잘됐다!"

나는 뜬눈으로 밤을 새웠다. 너무 두렵고 떨려서 눈물조차 나오지 않았다.

다음 날, 끊어졌던 회로가 저절로 연결된 것처럼 엄마는 정상으로 돌아왔다. 하지만 기억을 잃었던 날의 기억은 완전히 잊은 듯했다.

우리는 검사 결과를 듣고 유명하다는 병원을 몇 군데나 찾아갔지만 돌아온 대답은 전부 비슷했다. 원인을 알 수 없으며 이런 증상이 또 나타날지, 나타나지 않을지 장담할 수 없다는 것이었다.

나는 걱정이 많아졌다. 특히 엄마 혼자 나의 어린 딸을 데리고 외출하는 것이 무서울 정도로 불안해졌다. 그래서 둘이서만은 아예 나가지 못하게 했다. 소중한 사람을 잃을지도 모른다는 불안은 소중한 '두' 사람을 잃을지 모른다는 걱정으로 확대됐고, 아들이 태어나자 걱정은 세 배가 됐다.

그날 나는 엄마를 낫게 해주면 앞으로 엄마에게 잘하겠노라고 신에게 약속했다. 그러나 별일 없이 시간이 흐르고 아들이 태어나고 바쁜 일이 연달아 몰려오면서 그날 저녁 엄마에게 느꼈던 애틋함을 어느새 잊고 말았다.

서로에게 바라는 것은
그저 가까이에서 다정히 돌봐주는 것뿐

엄마가 정말로 내 곁을 떠날지도 모르는 날이 와야 비로소 엄마를 소중히 대하려나? 왜 평소에는 그러지 못하는 것일까?

나는 부모님이 언제까지나 곁에 있을 것이라 믿었다. 부모님이 아직 젊은 줄 알았다. 우리가 헤어질 일은 없으리라 생각했다. 그래서 정신 없이 일에 매진하면서 나 자신의 성취와 성공을 먼저 추구했다. 내가 성공해야 부모님의 체면을 세우고, 두 분을 기쁘게 할 수 있다고 여겼기 때문이다.

하지만 문득 정신을 차리고 보니 부모는 어느새 노인으로 향하는 문턱에 있고, 나 역시 더 이상 젊은 나이가 아니었다. 서로 언제 이별해도 이상하지 않은 시기에 들어선 것이다. 어쩌면 엄마는 그 사실을 나보다 먼저 깨달았는지도 모른다. 그래서 더 이상 높은 곳을 쳐다보지 않고 곁에 있는 나를 바라보기 시작했는지도 모른다. 그러나 나는 여전히 부모를 기쁘게 하겠다는 핑계를 대며 실제로는 자신의 영광을 추구하느라 바빴다.

부모는 자식이 가고 싶은 곳까지 갈 수 있도록 뒤에서 힘껏 밀어준다. 그 덕에 자식인 우리는 이만큼 성장했지만 그만큼 부모와의 거리가 멀어져버렸다. 그들에게 돌아가는 일은 이제 우리에게 달렸다. 바로 눈앞에 있으나 너무 멀게 느껴지는 부모와 다시 가까워지려면 어떻게 해야 할까?

"일이 너무 힘들면 그만두렴." 그날, 엄마는 내게 말했다.

"왜 내가 어렸을 때는 그렇게 말해주지 않았어?"

내 물음에 엄마는 아무 대답도 하지 않았다. 그러나 그 질문에는 옳고 그름도, 딱 맞는 답도 없다는 사실을 나 역시 잘 알고 있었다.

어린 시절의 우리는 부모를 기쁘게 하려고 애썼다. 무언가 잘하거나 뛰어나게 해내면 사랑받으리라 믿었다. 어쩌면 버림받을지도 모른다는 불안을 없애기 위해 부모를 만족시키려 고군분투했다. 그러나 어른이 된 후, 우리가 스스로의 욕망과 목표에 집중하자 이제는 부모가 애를 쓰기 시작했다. 자식에게 버림받을지도 모른다는 두려움을 잊기 위해 어떤 부모는 살뜰히 돌보며 희생하고, 어떤 부모는 외려 시리고 아픈 말을 퍼붓는다.

그러다 이별이 단순히 두려운 가정에 그치지 않고 언제든 진짜 벌어질 수 있다는 사실을 깨닫는 날, 부모와 자식은 서로에게 진정으로 바라는 바가 무엇인지 알게 된다.

우리가 서로에게 바라는 것은 화려한 성공도, 뼈아픈 상처도 아니다. 그저 가까이 기대어 다정히 돌봐주고 따스하게 지켜주는 것뿐이다.

비록 그것이 한순간의 느낌에 불과하다 해도 말이다.

어쩌면 난 아직 당신에게 화가 나 있나 봐요.

화를 내면서 동시에 당신을 사랑하는 법을 배우나 봐요.

상실 위기가 오면 상대의 소중함을 느끼다가
위기가 사라지면 다시 예전으로 돌아가기를 반복하다

아기는 6, 7개월 정도부터 낯을 가리며 양육자와 분리되는 것에 대해 부정적인 감정을 보인다. 이 같은 현상을 심리학에서는 '분리불안Separation Anxiety'이라고 한다.

어린아이는 분리불안을 직접적으로 표현하고 드러낸다. 양육자와 떨어지면 울거나 성질을 부리는 식이다. 그런데 이때 양육자가 아이의 불안을 이해하고 받아주지 않으면 아이는 정반대의 방식으로 심리적 분리불안에 대처할 수 있다. 스스로 양육자에게 개의치 않는다는 식으로 자기 마음을 속이는 것이다. 이런 식의 억제 반응이 계속되면 아이는 속은 불안하지만 겉은 독립적으로 보이는 어른으로 자라게 된다. '이별 효과'란 바로 이러한 현상을 다룬 것이다.

내
감
정
과
의

대
화

나는 당신을 사랑하는 듯도, 미워하는 듯도 합니다.

사랑한다고만 하기엔 속이 뒤집히고, 미워한다고만 하기엔 마음이 쓰리네요.

이런 복잡한 심정을 어찌하지 못해, 나는 계속 여기 머물러 있습니다.

당신과 나 사이 어딘가, 어쩔 수 없이 여기 계속 머무릅니다.

상처를 주고받을까 겁나서 가까이 가지도 못하고,

또 다른 가능성이 영영 사라질까 두려워 멀리 떠나지도 못하고.

이런 나를 이해해줄 수 있나요?

혹시 나를 이해한다면 '그래도 괜찮아'라고 말해주세요.

지뢰 효과

'사랑한다'고 말할 수도,
말하지

않을 수도 없다

매년 졸업 시즌만 되면 심리학연구소 안은 석사 논문 통과를 기다리는 예비 졸업생으로 북적인다. 매년 다양한 논문이 내 책상을 거치는데, 올해 나에게 특히 깊은 인상을 남긴 논문의 주제는 '성인 남성이 모친에게 감정 표현 시 겪는 어려움'이었다. 왜 성인 남성은 감정 표현을 어려워하는지, 사랑과 미움 중 어떤 감정 표현을 더 어렵다고 느끼는지가 이 논문의 주된 내용이었다.

주제 자체도 흥미로웠지만 자료 수집 방법으로 질적 연구 인터뷰 방식을 사용했다는 점이 더더욱 기대감을 높였다. 이는 곧 인터뷰를 한 남성들의 실제 발언이 논문에 고스란히 실려 있다는 뜻이기 때문이다. 나는 논문 초고를 받자마자 기대감에 차서 읽기 시작했다. 과연 재미

있는 내용이 가득했다.

수많은 인터뷰 중, 성장 과정에서 어머니와 함께한 경험을 '애증이 교차'했다고 표현한 인터뷰이가 있었다. 그는 또한 어머니를 향한 감정이 복잡해서 단순히 '사랑합니다'라고 말하기가 너무나 어렵다고 했다. 왜냐하면 그것은 근본적으로 사실이 아니기 때문이다.

애증이 교차하는 감정으로
사랑한다 말하지 못하다

애증이 교차한다는 표현이 너무나 적절해서 나도 모르게 미소가 지어졌다. 나는 그 말 위에 펜으로 크게 동그라미를 그리며 엄마인 나와 아들의 관계를 되짚어 보았다. 확실히 아들은 내게 애증을 느낄 것 같았다. 아이를 얼마나 사랑하든 간에 아이가 너무 짓궂게 굴거나 말을 듣지 않으면 나는 엄마로서 그 행동을 고치기 위해 혼을 낸다. 아무리 사랑해도 아이가 원하는 바를 전부 들어줄 수는 없는 노릇이니 안 된다고 말할 때도 많다. 그럴 때마다 아들은 작은 입을 삐죽 내밀고 몸을 돌려버린다. 그리고 마음이 풀릴 때까지 나와 단 한 마디도 하지 않는다.

생각이 여기에 이르자 번뜩 깨달음이 찾아왔다. 그렇구나, 그렇게 화난 감정도 미움이라고 할 수 있겠구나. 아마도 아이는 어른이 될 때까지 이런 감정을 수도 없이 겪게 될 터였다. 엄마를 사랑하지만 또 밉기도 한 모순된 감정 말이다. 그렇다면 혹시 어린 시절 제대로 소화해내지 못한 이런 '사랑하지만 미운 감정'이 어른이 된 후 '애증이 교차하는 감정'으로 발전하는 것은 아닐까?

아들은 내게 '엄마, 정말 사랑하고 정말 미워해요!'라고 말하지 못할 것이다. 자신도 이해할 수 없는 감정이기 때문이다. 그렇다고 정말 밉다고만 할 수도 없다. 어쨌든 엄마이니 말이다. 사랑한다고만 하기도 힘들다. 그러기엔 미움의 감정이 너무 두드러진다. 더구나 천성이 솔직해서 도무지 꾸미지 못하는 아이라면 더더욱 자기 안의 미움을 숨기고 사랑만을 말하지 못한다.

좀 더 생각해보았다. 엄마를 향한 '사랑하지만 미운 감정'을 제대로 인정하고 받아들이고 소화하지 못한 사람이라면 친구나 배우자와도 비슷한 문제를 겪지 않을까? 갑자기 남편이 전화로 자기 어머니와 입씨름을 벌였던 직후의 광경이 떠올랐다. 몇 번 그런 적이 있는데, 그때마다 남편은 종료 버튼을 누르기가 무섭게 씩씩거리며 연거푸 팔굽혀펴기를 해댔다. 그 후로 한동안은 나를 대하는 태도와 말투도 곱지 않았다. 또다시 깨달음이 찾아왔다. 그게 다 '사랑하지만 미운 감정'을 어찌하지 못해서였다.

사랑하면서도 '사랑한다'고 말하지 못하는 것은 사랑에 미움이 뒤얽혀 있기 때문이다. 친밀 관계에서 쉽게 양보하지 못하는 사람들은 마음속에 아직 화난 감정이 걸려 있는 경우가 많다. 바르게 이해되거나 제대로 처리되지 못한 감정은 땅속에 묻힌 지뢰처럼 마음에 남는다. 어쩌다 이 '감정의 지뢰'를 밟으면 우리는 앞으로 나가지도 뒤로 물러서지도 못하는 진퇴양난에 빠진다. 말할 수도, 말하지 않을 수도 없어서 제자리에서 전전긍긍하는 것이다.

그러자 부부 사이에 갈등이 일어나는 순간도 새롭게 해석되기 시작했다. 부부 치료를 하면서 자주 듣는 하소연 중 이런 이야기가 있다.

"제 남편은 정말 너무해요. 결정적인 순간에 양보한 적이 단 한 번도 없다니까요. 조금만 슬쩍 양보해주면 나도 못 이기는 척 물러설 텐데 말이죠. 아니, 그게 그렇게 어려운 일인가요?"

그때는 아내에게 동조하며 고개를 끄덕였지만, 지금은 '사랑하지만 미운 감정'을 제대로 소화하지 못하는 남자라면 충분히 그럴 수 있겠다는 생각이 든다. 양보하고 싶지만 그럴 수가 없는 것이다. 이미 지뢰를 밟아버렸기 때문에, 거기서 한 발짝이라도 움직였다가는 지뢰가 터져서 상대도 자신도 다칠 수밖에 없기 때문에 아무 말도 못 하고 버티는 셈이다. 나름대로는 현명하게 처신하는 중이랄까.

감정을 표현하기 전에
마음의 준비 시간이 필요하다

논문에서는 영아의 행동을 정신분석학적으로 관찰한 내용도 담겨 있었다. 아기는 엄마에게 관심과 공격성을 모두 보인다. 이러한 모순을 '사랑하지만 미운 감정'으로 해석한다면, 사실 엄마는 아기의 공격적 표현을 모두 이해하고 수용해주어야 한다. 그래야 아기에게 '내가 사랑하든 미워하든, 관심을 보이든 공격하든 엄마는 그것 때문에 나를 떠나지 않는다'는 기본적 신뢰를 심어줄 수 있기 때문이다. 이러한 신뢰는 평생 아이의 삶을 떠받치며 미래의 친밀 관계에까지 영향을 미치는 '사랑'의 기초가 된다.

그렇다면 엄마(혹은 주양육자)에게 사랑과 미움이 섞인 다층적 감정을 인정받아본 적이 없는 사람은 어떻게 될까? 이런 감정을 처리하기 위해 일부는 감정적 퇴화를 선택하고 일부는 감정적 정체를 택한다. 감정 표현에 어려움과 장애를 겪는 쪽은 대개 감정적 정체를 택한다.

감정 표현을 어려워하는 사람에게 가장 필요한 것은 이해다. 그리고 이해의 첫걸음은 이들에게 가라앉아 있을 시간을 주는 것이다. 이들에게는 감정을 표현하기 전에 깊이 심호흡하고 마음의 용기를 북돋울 시간이 필요하다. 다시 말해 자기 감정을 솔직히 표현했을 때 소중한 사람이 이를 무시하거나 오해하지 않고 안정적으로 받아들여 줄 것이라는 믿음을 가질 시간이 필요하다.

논문의 종장에 이르자 앞서 애증이 교차한다던 남성의 이야기가 다시 등장했다. 후에 그는 어머니와 단둘이 좀 더 자주 시간을 보내면서 어머니를 많이 이해하게 되었고, 자신이 생각했던 어머니와 실제 어머니가 많이 다르다는 사실을 깨달았다고 한다.

그의 사례는 깊이 생각해볼 가치가 있다. 자신에게 '사랑하지만 미운 감정'이 있다는 사실을 깨닫기 전에 그는 어머니와 함께하기를 무의식적으로 피했다. 어머니와 자신 사이에 분명한 경계를 그은 셈이다. 그러나 '사랑하지만 미운 감정'의 존재를 깨닫고 실제 어머니와 함께하는 시간이 늘어나면서 그는 자신의 생각과 전혀 다른 어머니를 발견했다. 표면적으로 보면 경계를 깨고 어머니와 더 가까워진 듯 보이지만 사실 그의 마음속에는 더욱 선명한 경계가 생겼다고 볼 수 있다. 상상과 현실을, 사랑과 미움을, 사랑해야 할 것과 미워해야 할 것을 확실히 구분하는 경계가 생긴 것이다.

자신의 감정과 다른 사람의 진실한 모습을 더욱 정확히 인식하는 순간, 우리는 감정적 진퇴양난에서 스스로 빠져나올 힘을 갖게 된다.

뒤얽힌 채 해결되지 못한 감정의 찌꺼기는
표현 불능을 넘어 관계 회피까지 이어지다

아동정신분석학자 도널드 위니컷은 '표현하지 않는 것도 일종의 표현이며, 사람은 누구나 표현하지 않는 것으로 표현할 권리가 있다'고 말했다. '지뢰 효과'는 이러한 '표현하지 않는 표현'의 배후에 숨은 감정적 상태를 설명한 것이다.

다들 내게 지나치게 생각하지 말라고 해.

하지만 당신의 그 말, 그 행동에 도무지 신경 쓰지 않을 수가 없네.

부럽기도 하고 싫기도 한 감정들.

내 마음속에 떨어진, 단 한 방울도 허투루 무시할 수 없는 감정들.

신경 쓰는 내가 싫고 생각 많은 내가 싫지만 그렇지 않은 척도 할 수가 없어.

가까이 다가가고 나서야 비로소 당신의 어떤 부분이 바로 나 자신임을 깨달았지.

눈은 한 폭의 거울. 당신을 보면서 당신에게 나의 일부분이 있음을 보았어.

미움받은 나, 사랑받은 나, 내게 잊힌 나. 당신이 아니었더라면 보지 못했을 나.

당신 안의 나를 보게 된 후에는 당신을 부러워하는 것도,

미워하는 것도 더 이상 중요치 않게 되었어.

왜냐하면 당신은 나의 거울, 나는 당신의 거울이니까.

미러링 효과

상대의 말과 행동에서
내 모습을

발견하다

어느 크리스마스에 있었던 일이다. 그날은 나와 남편 둘 다 출근해야 했기 때문에 부모님이 댁에서 아이를 보는 중이었다. 저녁때가 다 되어서야 겨우 일이 끝난 나는 백화점부터 들렀다. 아이와 함께 크리스마스를 지낼 때 필요한 물품을 사기 위해서였다. 물건을 한 아름 들고 한창 계산하고 있는데 아버지에게 전화가 왔다.

"너 대체 언제 올 거냐?"

그때 나는 이미 지칠 대로 지친 상태였다. 시간이 늦었다는 것도 알고 있었고, 부모님과 아이가 목이 빠져라 기다리고 있다는 것도 알지만 아버지의 책망하는 말투를 듣자마자 나도 모르게 울컥했다. 저절로 날카로운 목소리가 튀어나갔다.

"애한테 필요한 것 좀 사려고 백화점 먼저 왔어요. 금방 갈 거예요. 아버지, 전 여태 밥도 못 먹었다고요!"

아버지는 아랑곳없이 잔소리를 이어갔다. 결국 나는 참지 못하고 퉁명스럽게 대꾸했다.

"저한테 그런 식으로 말씀하지 마세요."

그 말을 들은 아버지의 목소리가 험악해졌다. 이대로 가다가는 크게 싸울 것이 뻔했기에, 나는 어쩔 수 없이 다른 핑계를 대며 전화를 끊었다.

백화점 안을 가득 채운 캐럴 소리가 시끄럽게 귓전을 때렸다. 나는 남편을 재촉해 백화점을 나와 서둘러 아이를 데리러 갔다. 부모님의 집으로 가는 내내 나는 한 가지 생각만 했다.

'왜 우리 부녀는 이런 식의 대화밖에 하지 못하는 걸까?'

그 순간, 예전에 있었던 일이 불현듯 떠올랐다.

상대의 특정한 말과 행동이
나를 불편하게 만드는 이유

나는 그날도 부모님 집에 아이를 맡겼다. 일을 마치고 아이를 데리러 갔는데 평소 같으면 아이를 차에 태우자마자 집으로 들어갔을 아버지가 어쩐 일로 운전석 창문을 톡톡 두드렸다. 그날따라 잔뜩 피곤했던 나는 어쩐지 불안한 기운을 느끼며 느릿느릿 창문을 내리고 아버지를 바라봤다. 아니나 다를까 아버지가 다짜고짜 큰 소리를 냈다.

"네 딸은 너같이 만들지 마라!"

솔직히 말하자면 그날 아침, 공부를 열심히 하지 않는다는 이유로 딸아이를 혼냈었다. 나는 아버지가 그 일을 두고 한 말이라 짐작했지만 막상 그 순간에 아무런 마음의 준비 없이 그런 말을 듣자 속에서 열불이 났다. 나같이 만들지 말라니 대체 무슨 뜻이냐고 따지고 싶은 마음이 굴뚝같았다.

하지만 나는 아무 대꾸도 하지 않고 조용히 창문을 올렸다. 아버지를 도대체 어떤 얼굴로 봐야 할지 알 수 없었다. 갑작스러운 그 한마디는 한순간 내 마음에 깊은 상처를 냈다.

아버지의 그 말에 담긴 진짜 의미를 이해한 것은 그로부터 한참이 지나서였다. 사실 그날 아버지는 나를 탓한 게 아니라 우리의 관계에 대해 이야기한 것이었다. 아마 정말로 하려던 말은 조금 달랐으리라.

"딸아, 너와 네 딸의 관계를 나와 너의 관계처럼 만들지 마라."

아버지는 이렇게 말하고 싶었을 것이다. 다만 평소 아버지 성격상 자세히, 차분하게 말하지 못하는 탓에 결과적으로 질책하는 듯한 말이 나온 게 아닐까. 만약 이후에 내가 수많은 굴곡과 괴로움을 겪으며 많은 것을 깨닫지 못했더라면 아마도 지금까지 아버지의 그 말에 숨은 진짜 의미를 알지 못한 채 그날의 기억을 여전히 상처로 간직하고 있었을 것이다.

도무지 부정할 수 없을 만큼
빼닮은 부녀

평소 같았으면 부모님 집에 도착할 때까지 화를 삭이지 못해 씩씩댔을 터였다. 그러나 예전 일이 떠오르자 갑자기 마음이 누그러졌다. 그리고 내가 아버지를 참 많이 닮았다는 생각이 들었다.

　아버지는 성격이 급한 편이다. 가끔은 생각이 앞서는 탓에 상황과 맞지 않는 말을 불쑥 하거나 전후 맥락은 설명하지 않고 결론만 툭 던지기 일쑤다. 그런 아버지의 성급한 표현 앞에 어떻게 반응해야 좋을지 몰라 꿀 먹은 벙어리가 된 적이 한두 번이 아니다. 어릴 때는 아버지와 함께 있을 때가 제일 긴장됐다. 아버지가 언제 무슨 말을 할지 도통 예상할 수 없었기 때문이다. 그런데 오랜 세월이 흐르고 정신을 차리고 보니 나는 어느새 가족과 주위 친구들과 소통할 때 아버지와 똑같은 방식으로 이야기하고 있었다.

　참으로 그 아버지에 그 딸이었다. 내가 그토록 싫어한 아버지의 모습이 내 안에도 고스란히 있었다. 아버지의 어떤 점이 너무나 싫었던 것은, 인정하고 싶지는 않지만 그것이 바로 나의 모습이었기 때문이다. 심리학에서는 이러한 현상을 정서적 '미러링 효과'라고 한다. 누군가를 그저 싫다고 생각했는데, 알고 보니 그 사람에게 내가 가장 싫어하는 나의 모습이 있음을 깨달을 때가 있다. 다른 사람이 내게 상처를 줬다고 생각했는데, 알고 보니 상처는 원래부터 있었고 오히려 그 상처 때문에 타인의 특정한 말이나 행동을 예민하게 받아들이게 될 때도 있다.

이러한 사실을 깨닫자 '좀 전에 아버지와 통화하면서 지나치게 예민하게 굴지 말걸' 하는 후회가 들었다. 크리스마스 분위기가 만연한 저녁의 길거리를 지나 부모님의 집에 가까워질수록 나는 더욱 초조해졌다. 대체 어떤 얼굴로 아버지를 봐야 할지 알 수 없었다. 활짝 웃자니 좀 전의 통화로 기분이 상한 아버지가 무시하고 외면할까 봐 걱정됐다. 그렇다고 딱딱하게 굳은 얼굴로 대하자니 본심을 숨기고 자존심만 세우는 것 같아 싫었다.

어떻게 해야 할지 정하지 못한 채 부모님 집 앞에 도착했다. 나는 심호흡을 몇 번 하고 용기를 내어 차에서 내렸다. 차 소리를 들은 아버지가 대문 밖으로 나오는 모습이 보였다. 억지로 입 꼬리를 끌어 올려 어색한 미소를 짓고 최대한 아무렇지도 않게 말을 걸려고 했다. 그 순간, 나는 아버지 역시 나와 마찬가지로 한없이 어색한 미소를 짓고 있는 것을 보았다.

누구도 좀 전에 나눴던 불쾌한 통화를 언급하지 않았다. 과연 나다웠고 아버지다웠다. 우리는 도무지 부정할 수 없을 만큼 빼닮은 부녀였다. 소통에는 똑같이 젬병이었고 똑같이 무능력했다. 그러나 우리 둘다 상대에게 진심을 전하기 위해 애쓰며 노력하는 중이었다. 설령 전형적인 다정한 부녀의 모습은 아닐지라도, 우리 부녀는 이미 나름 가장좋은 상태에 도달해 있었다.

어떤 사람의 행동에서 강한 정서 반응이 일어난다면
그 사람에게서 내가 가장 싫어하거나 혹은
잊고 싶은 자아를 발견했기 때문이다

프랑스 정신분석학자 자크 라캉Jacques Lacan의 '거울 단계Mirror stage' 이론에 따르면 몇 개월밖에 되지 않은 아기는 일상생활의 모든 부분을 양육자의 돌봄에 의지해서 살아가며 자아와 타아(다른 사람의 자아)를 구별하지 못한다. 따라서 이 시기에는 거울을 보아도 거울 속 자신이 자신인 줄을 모른다. 인지 체계가 미성숙한 만큼 거울에 비친 자신과 타인의 그림자를 혼동하기도 한다.

그러다 인지가 점차 성숙해지면 비로소 '내가 아닌' 곳(예를 들어 거울)에서도 자신을 볼 수 있게 된다. 물론 그렇게 되기까지는 수많은 이상화의 환상과 착각을 거친다.

그렇다면 타인에게서 보인 것은 나인가, 내가 아닌가? 이는 개인의 '자아 인지' 발전 연구에서 상당히 중요한 명제다.

'미러링 효과'는 이렇듯 '다른 사람에게서 보이는 부분적인 나'의 개념을 연장한 것으로, 특히 부정적 정서를 불러일으키는 부정적인 자아를 타인에게서 발견한 경우를 다루었다.

내
감
정
과
의
대
화

너를 탓하는 나의 목소리가 클수록, 내 안의 나약함도 크다.

너를 탓하는 나의 목소리를 두려워하는 만큼, 너는 자신감이 부족하다.

내가 뜻대로 풀리지 않는 인생을 네 탓으로 돌릴 때,

그때 만약 네 마음의 힘이 조금만 강했더라면

얼마든지 나를 뿌리치고 멀리 가버릴 수 있었을 텐데.

내가 아무리 미친 바람을 일으키고 폭우를 쏟아부어도,

너는 산들바람을 맞은 양

가벼이 넘겨버릴 수 있었을 텐데.

네가 나를 신경 쓰는 한 나는 네게 감정적으로 기생할 수 있다.

언제까지나.

기생 효과

감정적으로 남에게
기생하며

살아가다

석사 과정을 밟을 당시, 나는 학원 강의도 병행했다. 엄연히 말해 시작
은 자리 메우기였다. 예전에 내가 다녔던 학원에서 한 유명 강사가 개
강 직전 갑자기 경쟁 학원으로 자리를 옮기면서 공석이 생긴 것이다.
순전히 그 강사의 명성을 보고 학원에 등록한 학생들은 강하게 항의했
고, 단체로 환불을 요구했다.

　원장은 내게 급한 불만 꺼달라며 도움을 청했다. 젊었던 만큼 의욕
이 넘쳤던 나는 주저 없이 그 제안을 받아들였고 즉시 강의 계획서를
작성해 보냈다. 그런데 강의 첫날, 내 강의 계획서 프린트물에 인쇄된
강사 별칭이 눈에 걸렸다. 경쟁 학원으로 옮겨간 그 유명 강사의 별칭
과 발음이 같았던 것이다. 물론 글자는 달랐지만 얼마든지 헷갈릴 수

있을 정도였다.

당시 나는 겨우 스물세 살이었고 의욕은 넘치나 용기가 부족했다. 이상하다고 생각했지만 그뿐, 거기서 더 나아가지 못했다. 원장은 '그 강사가 이 별칭에 특허 냈냐'는 식이었다. 나는 묵묵히 따랐다. 그 뒷수습을 장장 십여 년에 걸쳐 하게 될 줄은 꿈에도 모르고 말이다.

남을 탓하는 목소리가 클수록
내면은 나약하다

강의는 순조로웠다. 나는 수업에 금방 익숙해졌고 학생들의 반응도 좋았으며 수강생도 지속적으로 늘었다. 문제는 이 년 뒤에 터졌다. 석사 과정을 마치고 들어간 직장에서 그 유명 강사와 딱 마주친 것이다. 심지어 단순히 마주친 데서 끝나지 않고 업무상 밀접하게 얽힌 동료 사이가 됐다. 그때 당시 나는 이미 잘나가는 강사로 어느 정도 유명해진 뒤였다. 어찌 보면 운명이 학원계의 양대 산맥에 각각 있던 우리를 억지로 끌어다가 같은 공간에 밀어 넣은 셈이었다.

나는 그를 금방 알아봤지만 그가 나를 알지는 미지수였다. 강의도 별칭으로 하고 직접 만난 적은 한 번도 없었기 때문이다. 몇 번이나 내가 바로 그 강사라고 고백하고 싶었지만 자칫 지금의 관계를 망칠까 싶어 도무지 입이 떨어지지 않았다. 그렇게 또다시 이 년이 흘렀다. 다른 자리로 옮기기로 결정된 후에야 나는 겨우 그에게 나의 '정체'를 밝혔다.

"아, 그 사람이 너였어?"

뜻밖에도 그는 환하게 웃으며 말했다.

"너였다면 괜찮아. 너는 내 여동생이나 다름없으니까."

수십만 킬로미터 상공에서 낙하산도 없이 떨어지다가 바닥에 부딪치기 직전 신이 커다란 손으로 나를 감싸 구해준 듯한 기분이었다. 그날 밤, 나는 오랫동안 가슴을 짓누르던 돌덩이를 마침내 내려놓은 것을 축하하기 위해 오랜만에 친구들을 만나 즐거운 시간을 보냈다. 얼마나 신이 났던지 휴대전화도 깜빡하고 나갔다가 밤늦게 돌아와 확인했는데, 음성 메시지가 여러 건 와 있었다. 나는 별생각 없이 메시지를 확인하다가 그만 절망하고 말았다.

첫 번째는 학원에서 온 메시지였다. 누군가 학원에 쳐들어와 한바탕 난동을 피웠다고 했다. 다음 메시지를 남긴 사람은 바로 그 강사였다. 그는 차마 입에 담을 수 없는 욕과 비난을, 분노에 가득 차서 퍼부어댔다. 나는 충격이 너무 커서 그가 무슨 말을 하는지조차 알 수 없었다. 한 가지는 확실했다. 괜찮다던 말과 달리 그는 전혀 괜찮지 않았다.

다음 날, 나는 학원 강사를 그만두었다. 애당초 별칭 문제를 수수방관하지 말았어야 했다는 후회와 그에게 미안한 마음 때문에 숨도 쉬기 힘들었다. 처음에는 분명 모든 것이 나의 잘못이라고 생각했다.

그러나 그 후 십여 년간 나는 이 일로 인해 업계에서 줄곧 '뜨거운 감자' 취급을 당해야 했다. 예를 들자면 이런 식이다. 박사 과정을 마친 내가 본격적으로 강단에 서기 위해 대학에 이력서를 보내면, 며칠 뒤 그 대학에서 일하는 친구가 내게 이렇게 묻는다.

"너 우리 학교 교수님들한테 뭐 잘못한 것 있니?"

친구가 언급한 교수님들은 전부 나보다 연배가 훨씬 위인 업계 선배였고, 그들의 저서를 보고 공부한 나에게는 다들 존경의 대상이었다. 하지만 그중 실제로 만났거나 안면을 튼 사람은 한 명도 없었다. 그런데 이상하게도 그들은 모두 나를 잘 안다고 했다. 단순히 아는 게 아니라 나를 '배은망덕'하고 '뒤통수를 잘 치는 역겨운 인간'으로 알았다.

우여곡절 끝에 한 대학에 교수로 임용된 이후에도 여전히 알 수 없는 일들이 일어났다. 일례로 내 조교로 들어온 한 대학원생은 시종일관 나를 무서워했다. 대체 이유를 알 수 없어 의아했는데, 그가 졸업할 때가 되어서야 의문이 풀렸다. 이 학교에 오기 전, 한 선생님이 그를 위해 하는 소리라며 이렇게 말했다는 것이다.

"조심해라. 거기 뱀처럼 교활하고 못 믿을 교수가 하나 있으니까."

물론 여기서 그 교수는 바로 나였다. 그는 이 이야기를 전하며 한마디 덧붙였다.

"교수님, 제가 직접 겪은 교수님은 전혀 그런 분이 아니었습니다. 그런데 왜 그런 말도 안 되는 평이 도는 것일까요?"

나는 진심으로 그에게 감사했다.

교육부에서 서한이 온 적도 있다. 어떤 사람이 교육부 장관에게 편지를 보내서, 내가 불법적으로 모 진료소의 컨설턴트를 맡고 있으니 잘 알아보라고 했다는 것이다. 한 프로그램에 나를 게스트로 초청한 PD는 "그런 사람을 TV에 내보내다니 제정신이냐?"라고 항의하는 익명의 투서를 받았다. 나와 얼굴 한 번 본 적 없는 업계 사람이 나에 대해 '믿을 수 없는 사람이니 같이 일하면 안 된다'며 떠들고 다닌다는 이야기를 전해 듣기도 했다.

어째서 이런 일이 계속되는지 생각해보면 자명했다. 누군가 뒤에서 나를 음해하고 있는 게 분명했다. 그리고 나는 그 사람이 누구인지 묻지 않아도 알 수 있었다.

어느 날은 나를 아끼던 선배가 참다못해 물었다.

"대체 너 그 선생님한테 뭘 잘못한 거야? 사기라도 쳤어?"

학교 교수님도 당혹스러운 목소리로 전화를 걸어왔다.

"혹시 자네 소득세를 그 선생 명의로 신고한 적이 있나?"

그러던 어느 날, 갑자기 그가 친필 편지를 보내왔다. 그는 먼저 장황하게 나의 잘못을 열거한 뒤, 편지 말미에 자신에게 용서받으려면 어떻게 해야 하는지를 상세히 적었다. 마치 고도의 인공지능으로부터 미션을 받는 로봇이 된 기분이었다. 사실 그와 나는 이미 개인적 연락이 끊긴 지 오래였다. 그런데도 그는 여전히 삶의 어두운 곳에 숨어 나를 뚫어져라 노려보며 악의를 퍼붓고 있었다. 둘 중 하나는 죽어야 이 악연이 끝날 성싶었다.

모든 과거를
기억할 필요는 없다

솔직히 굉장히 견디기 어려웠다. 특히 내가 아무런 힘도 지위도 없고 아무도 내 말을 들어주지 않던 시기에는 더욱 그랬다. 당시에는 그저 모든 것을 운명으로 받아들이며 참았다. 그 영향으로 안 그래도 사교적이지 못한 성격이 더욱 내향적이고 폐쇄적으로 변했다. 하루하루 버텨내기가 힘들고 괴로울수록 심리치료라는 전공 분야를 더욱 파고들었고 조금씩 혼자 힘으로 서기 시작했다. 그렇게 묵묵히 내 갈 길을 가다 보니 어느새 정신분석 치료 경험이 수백 건 이상 쌓이면서 마침내 실력을 인정받아 오늘날의 자리에 이르게 되었다.

어느 날 갑자기 이런 생각이 들었다. 내가 누군가의 괴롭힘 때문에 힘들다고 느낄 때 나를 괴롭히려고 애쓰는 사람도 나 못지않게 힘들지 않을까? 자기 자신을 인생의 중심에 두지 않고 타인에게 집착하며 자신과 하등 상관없는 일에 시간을 허비하는 심리는 대체 어떤 것일까?

물론 나 역시 한때는 그와 화해하려고 노력했다. 그러나 번번이 문전 박대를 당한 후, 비로소 상대가 이 일을 '놓아주기'보다는 계속 '가져가 기' 바란다는 사실을 깨달았다. 그는 나에게 감정적으로 기생하며 살 아갈 힘을 얻고 있었다. 그로서는 당연히 나와 얽혀 있는 편이 유익했 다. 물론 내가 그에게 얻는 것은 없었다. 이런 상황을 바라지도 않았다. 다만 나는 그에게 부채감을 가지고 있었다. 내가 여태껏 부당한 일을 감내해온 것은 오로지 그 부채감 때문이었다. 하지만 이제 결단할 때 였다. 나는 먼저 자신에게 물었다. 그가 내게 계속 감정적으로 기생해 도 괜찮은가?

처음에는 무어라 딱 잘라 답할 수가 없었다. 그러나 장만쥐엔張曼娟(대만 의 유명한 소설가 겸 수필가-역주) 작가의 말을 떠올리자 모든 것이 명확해 졌다.

"내가 하고 싶은 일이 얼마나 많은데요. 그들과 얽혀서 쓸데없이 낭 비할 시간 따위 없어요. 솔직히 말하면 그들이 나를 밟고 서서 칼로 쑤셔댈 수 있게 잠깐 멈춰줄 시간조차 없어요."

나는 그녀의 말에 깊이 공감한다. 만약 누군가 감정적으로 기생한다 해도 내게 힘과 여유가 있고 또 기생하는 정도가 내가 감당할 수 있는 범위 안에 있다면 웃으며 받아줄 수 있다. 어쩌면 상대에게는 그것이 자기 인생의 괴로움을 처리할 유일한 방법일 수도 있기 때문이다.

그러나 감정적 기생이 내가 감당할 수 있는 범위를 넘어선다면 나 자신을 위해 상대를 끊어내야 한다. 나를 더 이상 감정의 쓰레기통으로 삼지 말라고 상대에게 분명히 밝히고 관계를 정리해야 한다. 그래야 내 삶에도 새로운 아름다움을 받아들일 여유와 공간이 생긴다.

모든 과거를 기억해야 하는 것은 아니다. 마찬가지로 모든 사람에게 인정받아야 할 필요도 없다. 이르건 늦건, 언젠가는 깨닫게 되는 인생의 진리다.

인간관계 혹은 내적으로 스트레스를 받으면
자신의 진짜 문제를 외면한 채
자신의 부정적 정서를 쏟아부을 희생양을 찾는다

사람과 사람이 얽히면 자연히 인간관계의 '체계'가 생긴다. 만약 이 체계 안에서 스트레스가 커지면 한 사람이 문제를 일으키는 방식으로 해서 다른 구성원의 주의를 그 한 사람한테 집중시킨다. 이처럼 자신이 문제의 중심이 됨으로써 모두의 '병폐'를 덮는 역할을 하는 사람을 가족치료에서는 '가족희생양'이라고 한다.

　'감정적 기생' 현상은 가족 체계 이론의 '가족희생양' 개념을 일반적인 인간관계까지 확장한 것이다. 인간관계 혹은 내적인 스트레스를 받을 때 어떤 사람은 자신의 부정적 정서를 쏟아부을 희생양을 찾는다. 자신의 진짜 문제를 직시하지 않고 '남 탓'을 하며 화풀이를 하는 것이다. 물론 올바른 행동은 아니지만 이런 상황에서는 대개 이성이 제 역할을 하지 못한다.

한 상인이 낙타에게 짐을 싣고 길을 나섰다.

상인은 욕심껏 짐을 실었고, 낙타는 가까스로 짐의 무게를 버티며

비틀거리는 다리로 걷고 또 걸었다.

그런데 바람에 날려온 지푸라기 하나가 짐 위에 살포시 떨어진 순간,

갑작스레 더해진 새털만큼 가벼운 지푸라기의 무게에,

여태껏 억지로 버티고 있던 낙타는 그만 깔려 죽고 말았다.

죽어서 신 앞에 서게 된 낙타가 울며 말했다.

"이럴 줄 알았으면 그 짐을 차버릴 걸 그랬습니다.

젠장, 사실 처음부터 그렇게 하고 싶었다고요!"

지푸라기 효과

억지로 참고 참다가
작은 자극에

크게 폭발하다

결혼을 앞둔 어느 날, 여자는 예비 시어머니의 부름을 받았다. 시어머니는 집안 대대로 전해져왔다는 팔찌를 건네주며 그녀에게 말했다.

"네가 이 집 사람이 되었다는 증표다. 이제는 죽어도 이 집 귀신인 게야."

당황해하는 그녀를 본체만체하며 시어머니는 자신의 방과 가장 가까운 방을 가리켰다.

"저 방이 너희 신방이다. 남편은 하늘이야. 뭐든지 남편의 의견을 우선해서 따르거라. 또 한 가지, 결혼한 여자의 최고 미덕은 인내다. 뭐든 참을 줄 알아야 한다는 소리야."

천성이 착하고 순한 여자는 시어머니의 말을 묵묵히 들었다. 그러면서 한편으로는 딸이라고는 자기 하나뿐인 몸 약한 친정엄마를 떠올렸다.

　결혼하자마자 시어머니는 여자가 친정에 가는 것을 대놓고 질색했다. 그 탓에 여자는 엄마가 몸져누운 뒤에도 마음 놓고 친정 한 번을 가지 못했다. 남편 역시 장모가 아프다는 사실을 알았지만 가보자는 말 한마디 하지 않았다. 여자가 넌지시 엄마의 병환이 심각한 것 같다고 말해도 '출가외인이니 친정 일에 너무 신경 쓰지 말라'고 대꾸할 뿐이었다.

　여자는 참았다. 참고 또 참았다. 아파서 잠도 못 잔다는 친정엄마에게 달려가고 싶은 마음을 참고, 잔뜩 취해 한밤중에 돌아온 남편의 시중을 드는 날도 부지기수였다.

　그날은 마침 시어머니의 칠순 잔치 날이었다. 잔치 도중에 친정 오빠에게 전화가 걸려왔다. 엄마가 위독하다고 했다. 오늘을 넘기기 힘들 것 같다는 의사의 말을 전하며 친정 오빠가 울먹였다. 여자가 벌렁거리는 심장을 부여잡고 황급히 병원으로 가려는데 남편이 막아섰다.

　"오늘은 우리 엄마 평생에 단 한 번 있는 중요한 날이야. 적어도 식사 끝나고 손님들 배웅한 뒤에 가야 하지 않겠어? 맏며느리가 자리를 비우면 우리 엄마가 손님 볼 낯이 없잖아."

　여자는 생각했다.

　'당신 엄마 평생에 한 번 있는 중요한 날이라고? 우리 엄마는 앞으로 그런 날이 있을지 어쩔지도 모르는데?'

그러나 남편의 딱딱한 얼굴을 보자 입이 붙어버렸다. 결국 여자는 불안하고 초조한 심정으로 잔치가 끝나기를 기다렸다. 마침내 잔치가 파하고 남편을 재촉해 병원으로 가는 내내, 남편은 손님을 배웅할 때 여자가 환하게 웃지 않았다며 못마땅해했다.

여자는 병원에 도착하자마자 복도를 내달렸다. 엄마의 병실 앞에 도착해 문고리를 잡는데, 안에서 느닷없이 곡소리가 터져 나왔다. 여자는 불길한 예감에 머뭇거리다 겨우 문을 열었다. 엄마가 누운 침대 주위로 오빠와 남동생, 동서와 아이들이 둘러서서 대성통곡을 하고 있었다. 한눈에 보아도 엄마는 이미 돌아가신 뒤였다. 몸은 여전히 따스했지만 멍하니 뜨인 눈에는 더 이상 생기가 없었다.

여자는 병실 안을 가득 채운 울음소리를 들으며 멍하니 서 있었다. 슬픔과 분노, 말할 수 없는 초조함이 마음을 휩쓸었다. 갑자기 전기가 통한 듯 충격이 몰려왔다. 그와 동시에 수년간 잃었던 이성이 돌아왔다. 여자는 히스테릭한 비명을 지르며 불안한 기색으로 병실 문간을 서성이는 남편에게 달려들었다.

"너 때문이야! 너 때문이야! 다 너 때문이라고! 꺼져, 꺼져버려! 당장 꺼져!"

결혼하고 지난 몇 년 동안 그녀는 행복한 적이 단 한 번도 없었다. 친구들은 왜 참고 사느냐고, 어떻게 그렇게 참고 사느냐고 물었다. 그때도 그저 웃기만 했던 그녀였다. 그러나 엄마의 차가운 주검 앞에, 그간 참아왔던 모든 것이 폭발해 흘러넘쳤다. 여자는 화염 같은 분노를 남편에게 전부 쏟아부었다. 마침내 마지막 남은 지푸라기조차 끊어지고, 부부는 결국 돌이킬 수 없는 강을 건넜다.

정겹지는 않지만
다투거나 큰 갈등이 없는 고부 사이

여기, 결혼 생활에서 문제를 겪은 여자가 또 있다.

아기가 태어나고 이 년쯤 지났을 때의 일이다. 여자는 옷장도 비울 겸 작아진 아기 옷을 차곡차곡 정리했다. 몇 번 입히지 못해 모두 새것처럼 깨끗했다. 잘 정리해두었다가 둘째가 태어나면 또 입힐 생각이었다. 혹 그전에 친정 여동생이 아기를 낳으면 물려줄 요량이었다.

그런데 그날, 남편의 사촌 여동생이 집에 놀러왔다가 그녀가 정리해놓은 아기 옷을 보더니 눈을 반짝이며 말했다.

"어머, 옷이 이렇게나 많네. 구경 좀 해도 돼요? 안 그래도 우리 아기 옷을 좀 살까 고민 중이었거든요."

그 말을 들은 시어머니가 냉큼 대답했다.

"그래? 실컷 보렴. 마음에 들면 다 가져가."

"그래도 돼요? 새언니가 누구 다른 사람한테 주려던 것 아니에요?"

"다른 사람 주기는 뭘 줘. 새언니 것이 곧 네 오빠 것 아니겠니? 내가 괜찮다면 괜찮은 거야. 새언니도 너한테 주나, 자기 친척한테 주나 똑같아. 다 자기 가족이잖아."

여자는 부엌에서 과일을 깎으며 그 이야기를 전부 들었다. 그녀는 서두르지 않고 과일 접시를 쟁반에 받쳐 들고 나와 식탁에 내려놓으며 자연스럽게 대화에 끼어들었다.

"아가씨, 아기 새 옷을 사려고요? 마침 내가 괜찮은 가게를 몇 군데 아니까 알려줄게요. 옷도 예쁘고 가격도 적당해요."

여자는 먼저 사촌 여동생에게 웃는 얼굴로 이야기한 뒤 곧이어 시어머니에게 단도직입적으로 말했다.

"어머니, 이 옷들은 다 제가 쓸데가 있어서 챙겨둔 거예요."

시어머니의 얼굴이 순식간에 굳어졌다.

"네가 어디다 쓰려고? 설마 네 친구 주려고? 그럴 거면 같은 식구한테 주는 게 훨씬 낫지. 너 왜 이리 속이 좁아?"

"어머니, 아가씨가 괜찮다면 남편더러 아기 옷을 새로 사서 보내라고 할게요. 오빠가 여동생한테 선물하는 편이 모양새도 훨씬 좋잖아요. 어쨌든 이건 제 물건이니까 제가 알아서 할게요."

물론 여자도 이 말을 하면서 시어머니에게 미움을 살까 봐 걱정스럽기는 했다. 그러나 자신의 뜻을 분명히 밝힌 덕분에 시어머니도 '며느리 물건은 며느리 것'이며 며느리의 권리를 존중해야 한다는 사실을 깨닫게 되었다. 그 후로 두 사람은 한 지붕 아래 같이 살면서 서로 약간의 적대감을 품은 채 적당한 거리를 유지했다. 비록 정겨운 고부간은 아니었지만 최소한 크게 다투거나 갈등을 겪는 일은 없었다. 좋게 말하자면 서로를 존중하며 약간은 데면데면한 사이로 지냈다. 이런 관계는 시어머니가 말년에 자리보전을 할 때까지 이어졌다. 여자는 별다른 불평과 불만 없이 시어머니를 돌보며 자식 된 도리를 다했다. 그간 두 사람 사이에 뿌리 깊은 원한이나 갈등이 생기지 않았기에 가능한 일이었다.

살다 보면 내가 선택한 만남보다 나의 선택과 상관없는 만남이 훨씬 더 많다. 부모와 자식이 그러하고, 결혼을 통해 가족이 된 시가 식구도 엄연히 말하면 내가 선택해서 만난 사람들이 아니다. 심지어 내가 선택해서 만난 사람도 알고 보면 처음 생각한 것과 전혀 다를 수 있다. 이처럼 어떤 사람을 만나게 될지는 내 선택 밖의 문제다. 그러나 나의 인생을 불행하게 만드는 요인과 맞닥뜨렸을 때, 그 순간 어떤 선택을 내릴지는 여전히 나의 몫이다.

참을 수 없는 일이 생겼을 때 참지 않고 말하면
긴장되는 상황이 자주 발생한다 해도
관계 자체는 망가지지 않고 평형을 유지한다

프로이트에 따르면 사람은 불편한 감정을 느끼고 그로 인한 불안감을 제대로 처리할 수 없을 때 '억압repression'이라는 방식을 사용해 감정을 억누른다.

　'지푸라기 효과'는 이러한 '억압'의 방식이 우리의 감정 상태에 미치는 영향을 다룬 것이다.

나는 너의 감정을 마치 내 것처럼 느껴.

그래서 힘들어하는 너를 차마 볼 수가 없어서 어떻게든 너의 고통을

덜어주려고 애쓰지.

내가 이렇게 해도 괜찮겠냐고 네게 물어볼 필요도 없어.

왜냐하면 나는 바로 너니까.

네가 느끼는 것을 나도 느끼니까.

모두 널 위한 것이니까.

나를 희생하는 것 따위는 아무 일도 아니야.

오로지 너만 행복할 수 있다면.

네가 행복해야, 나도 행복해.

융합 효과

감정적으로 영원히
융합되는

관계는 없다

어린 시절의 기억이다. 이웃집 큰언니가 임신을 했다. 어쩌다 마주칠 때마다 배가 나날이 풍선처럼 부풀어서 신기했는데 어느 날부터 언니가 보이지 않았다. 한참이 지난 후 다시 만난 언니는 배가 납작해졌고, 품에 작은 아기를 안고 있었다. 나는 그 모습을 보며 생각했다.

'아기를 낳는다는 게 이렇게 간단한 일이었어?'

물론 지금은 생명을 탄생시키는 과정이 그렇게 간단하지 않다는 사실을 잘 안다. 임신과 출산을 두 번이나 경험했기 때문이다. 똑바로 서서는 발끝이 보이지 않을 정도로 배가 크고 둥글게 부풀어 오르고, 하늘이 두 쪽 나는 것 같은 진통을 겪은 후에야 겨우 보석 같은 아이들을 만날 수 있었다. 나는 지금도 처음 아이를 품에 안고 눈을 마주친 순간을 생생히 기억한다. 아주 작은 핏덩이였을 때부터 아이들은 나의 기쁨과 슬픔, 행복과 노여움을 모두 아는 듯했다. 내가 슬퍼하면 금방이라도 울음을 터뜨릴 것처럼 입술을 씰룩였고, 내가 기뻐하면 눈을 가늘게 뜨고 환하게 웃었다. 우리는 자연히 하나의 작은 우주가 되었다. 온 세상이 창문 밖에 놓였고, 아이들과 나를 제외한 나머지 것들은 멀고 먼 하늘 너머로 사라졌다.

연인 사이에서도 이런 신비한 느낌을 체험할 수 있다. 첫 데이트, 달빛 부서지는 창가에 앉아 서로를 응시하다 보면 상대의 가장 깊은 슬픔과 바람을 마치 내 것처럼 이해하게 된다. 그의 슬픔은 나의 책임이 되며, 나의 기쁨은 그의 행복이 된다. 이미 전생에 정해진 인연인 듯, 이미 몇 번의 생에서 서로를 만나왔던 것만 같은 느낌이 든다.

이렇듯 마음과 마음이 하나로 이어지고 서로가 서로를 의지하며 같은 감정을 공유하는 일은 비단 부모 자식 간이나 연인 사이뿐만 아니라 수많은 친밀 관계에서 나타난다. 그런데 심리학에서는 이러한 상태를 굳이 융합confluence이라는, 전혀 낭만적이지 않은 단어로 표현한다. 게다가 융합의 심리학적 정의는 더더욱 삭막하다. 바로 '심리적 분화가 어려운 상태'다.

상대의 감정에 신경 쓰느라
자신의 감정을 소홀히 대하다

쥔쥔의 아빠는 금융위기 때 직장을 잃었다. 원래 직책도 높고 연봉도 많이 받았는데 하루아침에 '살찐 고양이'로 지목되어 잘린 것이다. 물론 기본적으로 능력이 있기 때문에 새 일자리를 찾으려면 얼마든지 찾을 수 있었다. 그러나 아빠의 자존심이 문제였다. 조금만 양보하면 그럭저럭 괜찮은 회사에 재취업할 수 있는데도 좀처럼 눈을 낮추지 않았다. 결국 아빠는 직장 구하기를 차일피일 미루며 하루 종일 집에서 술잔만 기울였고 가족들도 덩달아 걱정이 깊어졌다.

당시 대학생이었던 쥔쥔은 고민에 빠졌다. 밖에 나가 있어도 부모님의 침울한 얼굴이 하루 종일 눈앞에 아른거렸다. 집안 상황이 이렇다 보니 비싼 학비를 내고 학교를 다니는 것마저 죄스럽게 느껴졌다. 가족을 위해 자신이 뭐라도 해야 한다는 생각이 강하게 들었다. 결국 쥔쥔은 시급이 높은 아르바이트를 찾다가 부모님 몰래 술집에 나가기 시작했다. 손님 중에는 손버릇 나쁜 사람이 많았고 불쾌한 일이 하루가 멀다 하고 벌어졌다. 매일 끔찍했지만 쥔쥔은 꾹 참았다. 그렇게 시달리다 지칠 대로 지쳐 집에 들어갔다. 자기 딴에는 걱정을 끼치지 않으려고 억지로 웃는 얼굴을 했지만 엄마는 금세 쥔쥔이 이상하다는 것을 알아챘다. 평소 가족끼리 사이가 돈독했기 때문에 모르려야 모를 수가 없었다. 그러나 엄마는 차마 아무 말도 묻지 못하고 그저 울기만 했다. 집안의 공기가 갈수록 무겁게 가라앉았다. 가족 중 누구 하나도 거기서 벗어나지 못했다.

나는 네가 힘들기에 괴롭고, 너는 내가 고통스럽기에 아프다. 이런 상황에서는 대체 누가 누구를 도와야 할까? 너와 나, 우리 모두가 지쳐 있는데 과연 누가 누구를 구할 수 있다는 말인가?

친밀 관계에서 이러한 감정적 융합을 처리하기 어려운 것은 그 시작이 사랑이기 때문이다. 누군가를 아끼고 사랑하게 되면 자연히 그 사람의 감정을 민감히 알아차리게 된다. 그런데 상대의 감정에 지나치게 신경 쓰다 보면 외려 자신의 감정을 소홀하게 대할 수 있다. 나도 모르게 내 감정의 중심에 상대의 희로애락을 두게 되기 때문이다. 자신의 감정을 무시하고 남의 감정만 들여다보면 어느새 내면에 깊은 불안감이 자리 잡는다. 상대의 감정 상태에 지나치게 영향을 받기 때문에 늘 불안할 수밖에 없는 것이다. 만약 상대가 풍파를 겪으면 나 역시 격랑에 휘말린다. 이런 상태에서는 어떻게 해도 평온한 감정 상태를 회복할 수가 없다.

따라서 '융합'된 상태에서는 상대를 위한 행동도 알고 보면 나 자신의 불안을 해소하기 위해 하는 것일 가능성이 크다. 그러나 당사자는 이 사실을 전혀 인지하지 못하며, 바로 여기서 모든 문제가 시작된다.

융합된 관계에서
서로의 손을 놓지 못하는 이유

서로 감정적으로 융합된 상태가 계속되면 어떻게 될까? 상대를 위한답 시고 한 행동이 사실은 나 자신의 불안감을 지우기 위한 것이었다면? 만약 그 행동을 상대가 자신을 위한 것이라고 인정하고 받아줬다고 해 보자. 이들은 서로에게 점점 더 깊이 의지하고 기대게 될 것이다. 마치 엄마는 이미 걷기 시작한 아이를 계속 안고 다니고, 아이는 엄마의 마 음을 상하게 하지 않으려고 아직 잘 걷지 못하는 척 얌전히 안겨 있는 식이다.

그러다 어느 날 그중 한 사람이 불현듯 깨닫고 서로 의존하는 관계 를 벗어나려 한다면 어떨까? 분명히 상대에게 비난을 받거나 상대를 고통스럽게 만들게 될 것이다. 그러나 이 세상에 영원히 융합되어 있을 수 있는 관계란 존재하지 않는다. 친구나 동료 사이도, 부부, 심지어 부 모 자식 간도 예외는 아니다.

융합된 관계에서 서로가 서로를 꼭 붙들고 있는 것은 그 손을 놓았 을 때 혼자 살아갈 자신이 없기 때문이다. 서로 붙들고 기대어 사는 것이 너무나 익숙해진 탓에 혼자 살아갈 잠재력이 전부 봉인되어버렸 다. 그래서 융합 속에 사는 사람은 진정한 행복을 느끼지 못한다. 오히 려 공허와 불안, 고통에 늘 시달린다.

자신이 술집에서 일하는 것이 아빠를 위해서가 아니라 스스로의 불안함을 없애기 위한 것임을 깨달은 뒤, 쥔쥔은 당장 그 일을 그만두었다. 그리고 학교의 산학협력 프로그램에 지원해서 타지의 미용실에 견습생으로 취직했다. 매달 월급을 받으면 쥔쥔은 기본적인 생활비만 조금 남겨두고 전부 엄마에게 부쳤다. 그렇게 몇 개월이 흘렀다. 쥔쥔의 노력은 헛되지 않았고 엄마의 얼굴에 오랫동안 사라졌던 미소가 돌아왔다.

아빠는 여전히 낙심한 상태였지만 쥔쥔이 예전만큼 돈을 벌어오지 않자 자연히 술을 훨씬 적게 마시게 되었다. 몇 년 후, 마침내 아빠는 한 회사에 고문으로 재취업했다. 비록 연봉은 이전에 비해 십분의 일 수준이었지만 고문이라는 직함 덕에 자존심을 지킬 수 있었다.

쥔쥔은 아빠가 더 이상 예전과 같을 수 없다는 사실을 조금씩 받아들이는 중이다. 쥔쥔의 입장에서는 자신이 존경하고 사랑하는, 누구보다도 능력 있고 빛났던 아빠가 점차 시들고 초라해지는 것이 너무나 속상하고 화가 났다. 그러나 그녀가 화를 낸다고 해서 바꿀 수 있는 것은 없었다. 어쨌든 그것은 아빠의 인생이고, 아빠가 감당해야 할 짐이기 때문이다.

결국 사람은 누구나 자기 인생밖에 감당하지 못한다. 아무리 힘들고 어렵더라도 우리 모두 언젠가는 이 사실을 인정할 수밖에 없게 된다.

엄마는 이미 걷기 시작한 아이를 계속 안고 있고,
아이는 엄마의 마음을 상하게 하지 않으려고
아직 잘 걷지 못하는 척 얌전히 안겨 있다

정신분석학자 하인즈 하트만Heinz Hartmann은 내재적으로 '미분화'된 상태일수록 미성숙한 심리이며, 특히 아기의 심리가 이러하다고 보았다. 타인과 나, 본능과 본능 사이에 명확한 경계가 없기 때문에 타인과의 관계에서 일종의 심리적 융합 상태에 빠지기 쉽다는 것이다.

만약 양육자가 명확한 자아 주체 개념을 가지고 있다면 아기는 양육자의 도움을 받아 심리적으로 '분화differentiation'하는 능력을 갖추며 성장한다. 또한 자신과 타인의 감정을 명확히 구분하고, 스스로 감당하고 책임져야 할 것이 무엇인지 깨닫게 된다.

그러나 여러 가지 환경적 요인이나 개인적인 변수로 인해 자기 나이에 맞는 '분화' 능력을 갖추지 못한 경우, 성인이 된 후에도 인간관계에서 다른 사람의 감정에 휘둘려 불안함을 갖게 될 가능성이 높다.

'융합 효과'란 이처럼 아직 완전히 분화되지 못한 심리 상태가 성인이 된 이후 인간관계에 미치는 영향을 다룬 것이다.

나는 너를 본다고 착각했다.

또 확실히 보았지만, 결국 내가 본 것은 네 눈동자에 반사된 나의 모습이었다.

감히 너의 눈동자 너머를 볼 수가 없었기에 네 눈동자에 반사된

나 자신밖에 보지 못했다.

만약 진실로 너를 보고 싶다면,

나는 먼저 너를 볼 수 없다는 사실을 받아들여야 한다.

너를 안다는
나의 착각

"물어보나마나. 딱 보면 안다"

올해 설 연휴 첫날, 독자에게 이메일 한 통을 받았다. 평범한 주부라고 자신을 소개한 그녀는 명절마다 남편과 다퉈서 고민이라고 했다. 대개 돈 문제인데 특히 시부모님과 친정 부모님께 드리는 용돈 금액 때문에 싸울 때가 많았다.

이들 부부의 상황은 이러하다. 남편은 효심 지극한 외동아들로, 기회가 생길 때마다 부모님께 용돈을 많이 드리고 싶어 한다. 하지만 아내는 먼저 은행 빚부터 갚고 여유가 생기면 그때 더 드려도 된다는 입장이다. 이러한 견해 차이로 인해 부부는 명절 때마다 용돈 몇십만 원이 마치 빚 몇천만 원이라도 되는 양 싸웠다.

아내는 남편이 지나친 이상주의자인 데다 힘들게 집안 살림을 꾸려

나가는 자신의 입장을 전혀 배려해주지 않는다고 원망했다. 반대로 남편은 아내가 가족에게 너무 인색해서 푼돈까지 아끼려 든다며 못마땅하게 생각했다. 이렇게 부모님께 얼마나 드릴지를 놓고 시작된 언쟁은 이내 다른 문제로 번지기 일쑤였다. 한참 하소연을 늘어놓던 그녀는 편지 말미에 이렇게 썼다.

'성격이 안 맞는 사람과 맞춰가며 사는 건 정말 너무 힘들어요!'

실제로 남편에게
그렇게 생각하고 있는지 물어본 적 있나요?

나 역시 결혼한 뒤 수많은 갈등과 시행착오를 겪었기 때문에 그녀의 상황이 남 일 같지 않았다. 그래서 조금이나마 도움이 되기를 바라는 마음으로 즉시 답장을 썼다. 주된 내용은 이러했다. 인간관계에서 상대에 관해 어떤 결론을 내릴 때 우리는 그 결론이 사실은 나의 주관적 생각이 쌓이고 쌓여서 도출되었다는 점을 간과하는 경향이 있다. 그런데 어떠한 디테일을 기반으로 그런 결론이 나왔는지 제대로 살피지 않으면 문제를 해결할 길을 찾기 힘들다. 상대와 나 사이의 문제를 해결할 수 없다는 생각이 들면 자연히 이 관계에 대한 기대와 희망을 잃게 된다. 특히 친밀 관계에서는 상대를 잘 안다고 여기는 만큼 사실 확인도 하지 않고 상대가 자신이 상상한 그대로일 것이라고 오해해서 상황을 악화시키기 일쑤다.

'예를 들어 남편이 지나친 이상주의자라고 했는데, 이건 상당히 애매한 표현이에요. 혹시 스스로의 마음에 자신도 아직 알아차리지 못한 어떤 감정이 있지는 않을까요?'

나는 편지를 이렇게 마무리해서 보냈다.

연휴가 끝나갈 무렵 그녀에게 답장이 왔다. 이번 연휴 때 남편과 시가에 다녀왔는데 시가에 머무는 동안 남편의 행동이 내내 눈에 거슬렸다고 했다. 온종일 자기 엄마 곁에 붙어 있으면서 아내인 자신과 거의 한 마디도 하지 않았다는 것이다.

'정말 화가 났어요. 명절 때마다 그래요. 선생님 말이 맞았어요. 가만히 생각해보니 제 마음에 여러 가지 감정이 진짜 많더라고요.'

나는 좀 더 자세한 상담을 위해 그녀에게 채팅을 요청했다. 남편이 시어머니 곁에만 붙어 있는 상황을 어떻게 생각하고 어떻게 받아들였느냐고 물었더니 그녀는 분노가 고스란히 느껴지는 어투로 '남편 눈에는 언제나 엄마가 아내보다 우선'인 것 같다고 했다.

"어떻게 나를 그렇게 대할 수 있죠? 부부로서 같이 산 세월이 몇 년이고, 내가 자기를 위해 또 얼마나 희생했는데. 나를 이 정도로 하찮게 대해도 되나요?"

감정의 둑이 무너진 듯, 이를 시작으로 그녀 안에 고여 있던 원망이 한꺼번에 흘러나왔다. 자기가 공부를 덜 했다고 남편이 무시하는 게 분명하다(남편은 국립대학을 졸업했고 그녀는 사립 직업고등학교가 최종 학력이다), 집에서 애만 키우는 여자라고 우습게 본다(그녀는 아이를 낳은 후 일을 그만두고 전업주부로 있다) 등 ……. 그런데 그녀가 언급한 것 중, 남편에게 직접 들은 말은 없었다. 즉 그녀의 추측이 아니라 사실이라고 확신할 수 있는 내용은 하나도 없었다.

"지금 느끼고 있는 수많은 감정과 생각은 사실 전부 가정일 뿐이에요. 실제로 남편에게 그렇게 생각하고 있는지 물어본 적 있나요? 이 부분에 대해 남편과 허심탄회하게 이야기해보면 어떨까요?"

"물어보나마나예요. 딱 보면 아는데 굳이 말로 끄집어내서 남편이 날 무시한다는 사실을 확인받을 필요 있나요?"

"만약 정말 남편에게 무시당하고 있다면 그 사실을 확실히 확인하는 편이 오히려 마음 정리하기에는 좋을 거예요. 혼자 온갖 추측에 휩싸여 전전긍긍 불안해하는 것보단 말이죠. 그렇지 않나요?"

관심을 갖고 신경을 쓰면 쓸수록
상대를 이해했다고 착각한다

우리의 대화는 여기서 멈췄다. 연휴가 끝난 뒤 출근해서 컴퓨터를 켜자 그녀에게서 메일이 도착해 있었다.

그녀는 나의 조언을 받아들여 남편에게 자신의 생각과 느끼는 바를 솔직히 털어놨다. 그러자 이야기를 심각하게 듣던 남편이 이렇게 말했다.

"내가 외지에서 공부하던 시절에 어쩌다 집에 돌아가면 부모님은 항상 주머니를 탈탈 털어 있는 돈을 전부 내게 쥐여주셨어. 빠듯한 살림에 두 분도 당장 쓸 돈이 없으셨는데 말이지. 지금 내가 부모님께 조금이라도 더 드리려고 하는 건 효도나 희생 같은 게 아니라 정말 빚을 갚는 심정에서 그러는 거야. 받은 만큼 돌려드리자는 거지. 빚지고는 못 살겠다는 식이랄까. 하지만 당신에 대한 마음은 달라."

"뭐가 달라?"

"그걸 꼭 말로 해야 알겠어?"

"당연하지. 말로 안 하면 어떻게 알아?"

"부모님한테는 빚을 갚는 거고, 당신은 사랑하는 거지."

남편과 대화를 나눈 후 기분이 어땠느냐고 물었다.

"좋았어요."

그녀가 수줍게 대답했다.

"남편이 나를 사랑한다는 걸 마침내 알았거든요."

그녀의 대답에 웃음이 나오면서도 어쩐지 코끝이 찡해졌다. 어쩌면 그녀는 남편의 마음을 다 안다고 착각하고, 섣불리 '남편은 나를 사랑하지 않는다'는 결론을 내려서 여태껏 안 해도 됐을 마음고생을 했는지도 모른다.

사실 '사랑한다'는 단순한 한마디만으로도 마음이 풍성해지고 위로를 얻는다. 그러나 살다 보면 인생의 고단함, 먹고사는 어려움 때문에 가장 단순하고 진실한 마음을 잊고 지낼 때가 많다. 진심은 표현하지 않고 가슴 깊이 묻어둘수록 점점 더 꺼내기가 어려워진다. 서로의 진심을 알지 못한 채 혼자서 상상하고 추측하다 보면 결국 서로 솔직히 소통하지 못해 오해만 쌓이게 된다. 이 얼마나 안타까운 일인가.

상대를 진심으로 아끼고 사랑하면 함께하는 시간의 대부분을 싸울지언정, 속으로는 서로 깊이 이해하고 상대의 가장 진실한 모습에 가까워지기를 바란다. 그만큼 상대에게 관심을 갖고 신경을 쓰기 마련인데, 문제는 이 때문에 자신도 모르게 상대를 이해했다는 착각을 하기 쉽다는 것이다. 이해했다는 착각은 필연적으로 오해를 부른다. 이러한 '오해'는 사실 자신이 상대를 전혀 이해하지 못했다는 점을 인정할 때 비로소 해결의 실마리를 찾을 수 있다.

친밀한 관계일수록 사실 확인도 없이
자신이 상상한 바를 상대의 진짜 모습으로 여긴다

세상에 태어난 지 얼마 되지 않은 아기는 자신을 전지전능한 존재로 착각한다. 배가 고파 울면 저절로 먹을 것이 제공되고, 추위나 더위를 느끼면 자연히 이불이 덮어지거나 시원한 바람이 불어오기 때문이다. 사실 이는 양육자가 아기를 돌보아 주기 때문이지만 자아와 타아를 구분하지 못하는 아기는 스스로 전능하다는 착각에 빠진다.

문제는 성인이 된 후 친밀 관계에서 여전히 이런 착각을 가지고 있는 경우다. 상대를 전부 이해한다는 착각 속에 자신의 상상을 상대의 실상과 같은 것으로 취급하는 오류를 범할 수 있기 때문이다.

'투시경 효과'는 이렇듯 자신이 전능하다는 사고를 기반으로 상대의 모든 것을 제 손바닥 보듯 뻔히 안다고 생각하는 환상과 갈망을 가르키는 것이다.

나는 너를 사랑하지만 미워하는 척한다.

너의 모든 것을 아끼지만 하찮게 여기는 척한다.

너와 떨어지고 싶지 않지만 네가 다가올 때마다 밀어낸다.

네게 실망했을 때도 아무렇지 않은 척한다.

그래야 이유 없이 화를 내지 않을 수 있으니까.

너를 사랑하고 아끼고 갈망하는 모든 감정이 내게는 너무 위험하니까.

나의 우아함을 지키기 위해, 우리의 관계를 망치지 않기 위해

오늘도 나는 마음을 감춘다.

마음과 다른 행동으로
진짜 감정을

감추다

한 부부가 말다툼을 벌였다. 남편은 매사에 생트집 잡기 일쑤이고 남편 알기를 아주 우습게 아는 드센 여자라며 아내를 몰아세웠다. 평소 아내는 드세다는 소리를 가장 듣기 싫어했기에 남편의 그 말이 비수가 되어 가슴 한복판에 꽂혔다. 그 순간 아내의 마음에 두 가지 감정이 동시에 일어났다. 하나는 당장 한바탕 욕을 퍼붓고 싶을 정도의 분노였고, 다른 하나는 자신의 진심과 배려를 몰라주는 남편에 대한 서운함이었다.

　하지만 그중 어떤 감정도 표현할 수가 없었다. 분노를 표출하면 남편의 말대로 자신이 드세고 독한 여자라는 점을 증명하는 셈이었다. 그렇다고 서운함을 내비치자니 할 말 안 할 말 가리지 못하는 남편에게 사랑을 갈구하는 것처럼 보일까 봐 자존심이 허락지 않았다.

결국 그녀는 감정을 감췄다. 화를 내지도 서운해하지도 않고 그저 입을 꾹 다문 채 최대한 차갑고 냉정한 표정을 지었다. 눈치 없는 남편은 아내가 단순히 토라져서 말을 하지 않는다고 여겼다.

그렇게 하루, 이틀, 사흘이 흘렀다. 남편은 진작 화가 풀렸는지 슬슬 화해하고 싶은 눈치였다. 그러나 아내는 냉전을 좀처럼 끝낼 수가 없었다. 아무렇지 않은 척 남편을 대할 자신이 없었다. 섣불리 대화를 시도하다가 가까스로 억눌러 놓은 감정이 불길처럼 일어나 마른 초원을 태우듯 자신을 집어삼킬까 봐 두려웠다.

이렇듯 우리는 자신의 진짜 감정과 속마음을 감추기 위해 일부러 정반대의 정서적 반응을 꾸며낼 때가 있다. 이러한 현상을 일컬어 '반동 효과'라고 한다.

사랑하지만
미워하는 척하다

『몰리스 게임』은 세계 최대 지하 포커 세계를 주름잡았던 몰리 블룸 Molly Bloom의 자서전을 각색한 영화다. 영화를 보던 중 심리학적으로 매우 흥미로운 장면을 발견했기에 잠시 소개할까 한다.

몰리는 유망한 스키 선수였다. 운동뿐만 아니라 공부도 잘했다. 그녀의 아버지는 심리학 교수로, 그녀가 어릴 때만 해도 둘도 없는 부녀 사이였으나 사춘기에 접어든 후 관계가 냉랭해졌다. 나중에 부모가 이혼하자 그녀는 아버지와 아예 연락을 끊고 지낸다.

한때 올림픽 출전을 바라볼 만큼 능력 있는 선수였지만 갑작스러운 사고로 스키를 그만둔 뒤, 몰리는 로스쿨에 진학하기로 하고 준비하는 동안 친구의 집에 얹혀 지내며 여러 가지 아르바이트를 한다. 하지만 운명은 알 수 없는 법, 우연히 지인의 소개로 지하 포커 도박판에 발을 들이게 된 그녀는 우여곡절 끝에 타고난 총명함과 기지를 바탕으로 사설 포커 하우스를 직접 경영하기에 이른다. 초반에는 나름의 원칙을 가지고 사업을 성공적으로 이끌어갔지만 얼마 안 가 여러 가지 부담감에 시달리기 시작했다. 결국 몰리는 약물을 하고 불법적 수수료를 받는 등 잘못된 행동을 하기 시작했고, 이것이 들통 나면서 감옥에 갈 위기에 처한다.

재판을 받고 판결을 기다리는 동안, 오랫동안 연락이 끊겼던 아버지가 몰리를 찾아온다. 아버지는 정신과 의사가 환자를 대하듯 냉정한 태도로 몰리에게 진실 게임을 하자고 한다. 그리고 혹시 권력 있는 남자를 조종하고자 하는 욕망 때문에 이런 짓을 벌였느냐고 묻는다. 심리학 관점에서 봤을 때 이는 매우 날카로운 질문이다. 자신의 딸이 '엘렉트라 콤플렉스'를 벗어나지 못해 이른바 '나쁜 여자'가 되었다는 분석을 바탕으로 곧장 핵심을 파고들었기 때문이다.

당연히 몰리는 인상을 쓰며 아니라고 부정하고, 곧장 결혼 생활에 충실하지 못했던 아버지를 비난하며 반격에 나선다. 딸에게 쓰레기 취급을 받으면서도 몰리의 아버지는 오히려 미소를 짓는다. 줄곧 대화를 회피하던 몰리가 마침내 진심을 말하기 시작했기 때문이다. 아버지는 이것이 매우 좋은 징조라며 전문가적 면모를 보인다. 그리고 곧 자신이 열심히 뒷바라지한 덕에 세 자녀 모두 성공하지 않았느냐고 반박한다. 실제로 몰리의 남동생들은 각각 올림픽 금메달리스트와 외과 의사였으니 분명히 성공한 축에 속했다. 하지만 몰리는 범죄자가 되지 않았는가. 이해할 수 없다는 듯 자신을 보는 몰리에게 아버지는 '오직 자신의 능력만으로 수백만 달러의 비즈니스 기회를 창출해낸 사업가'가 되었으니 성공한 것 아니냐고 대꾸한다.

여전히 자신을 자랑스러워하는 아버지를 보며 몰리는 결국 눈물을 흘린다. 이어 아버지는 몰리에게 다음 질문을 하라고 재촉한다. 그녀는 망설임 끝에 오랫동안 자신을 괴롭혔던 질문을 던진다.

"두 남동생만 사랑하시고, 나는 왜 그렇게 미워하셨나요?"

아버지는 길게 한숨을 내쉬고 두 사람이 일부러 피해온 이야기를 꺼냈다. 사실 몰리는 다섯 살 때 아버지가 차에서 다른 여자와 관계하는 장면을 목격했다. 아버지를 사랑했던 만큼 충격을 받은 몰리는 깊은 실망감을 감추기 위해 일부러 화를 내며 아버지를 멀리했다. 아버지 역시 몰리가 자신의 비밀을 안다는 사실을 안 후로는 더 이상 그녀를 편하게 대하지 못했다.

"사실 나는 널 아주 사랑한단다. 다만 사랑하지 않는 척했을 뿐이야."

이는 그가 자신의 수치심에 대처하는 방식이었다.

상대를 사랑하면서도 미워하는 척하는 것만큼 쓸쓸한 일이 세상에 또 있을까.

어쩌면 서로를 냉대할 만큼 냉대하고 나서야 비로소 자신이 얼마나 상대를 사랑하는지 깨달을 수도 있다. 들끓는 감정이 사라진 후, 비로소 자신이 여태껏 다른 데 열중했던 것이 단지 혼자 있는 것이 두렵고 공허했기 때문임을 알게 될 수도 있다.

시간의 발자국을 따라 버틸 만큼 버티고 아닌 척할 만큼 하고 나면 결국 마음이 우리를 본래 가야 했을 길 위에 다시 데려다 놓을 것이다.

사람은 누구나 자신의 생존을 최우선으로 생각한다.
어떤 행동을 하는 이유도 알고 보면 오로지 생존을 위한 것일 뿐,
그 이상도 그 이하도 아니다.

불안한 마음을 감추기 위해 자신도 모르게
진짜 감정을 숨기고 일부러 정반대의 행동을 하다

사람은 심한 불안을 느낄 때 불안감을 이기기 위해 자신도 모르게 어떤 행동을
한다. 프로이트는 이를 가리켜 심리 '방어기제defense mechanism'라고 했다. '반동
효과'란 이런 심리적 방어기제의 일종이다.

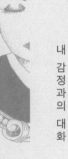

네가 어떤 사람인지 굳이 내게 설명할 필요 없다.

왜냐하면 나는 이미 네가 어떤 사람인지 아니까.

내가 상상한 모습과 실제 너의 모습이 같은지는 중요치 않다.

너를 그런 사람이라고 믿기로 한 나의 선택이 중요할 뿐.

또한 나의 생각이 변할지, 변하지 않을지도 네가 어찌할 수 없는 문제다.

맹목 효과

보고 싶은 대로 보고
듣고 싶은 대로

듣다

아치와 아지아오가 교실에서 말다툼을 벌였다. 평소 아지아오는 품행이 바른 모범적인 여학생이었고 아치는 성적도 하위권이고 말썽도 잦은 남학생이었다. 두 사람의 말다툼이 격해지자 누군가 담임 선생님을 불러왔다. 담임은 교실에 들어오자마자 다짜고짜 남학생 아치에게 버럭 소리를 질렀다.

"아치! 또 무슨 짓을 한 게냐!"

담임은 무조건 아치가 잘못했다는 식이었다. 전후 사정을 물어볼 생각조차 하지 않았다. 아치는 억울해 미칠 지경이었다. 사실 먼저 시비를 건 사람은 여학생 아지아오였다. 아치의 엄마가 도시락을 가져다주러 학교에 오는데, 그 모습을 본 아지아오가 '촌스러운 시골 아줌마'라며 비웃은 것이다. 아치는 순간 화가 나서 아지아오를 밀쳤고 격한 말다툼이 벌어졌다. 그러나 담임은 끝까지 어찌 된 일인지 묻지 않고 계속 아치만 나무랐다.

아치의 엄마는 이 이야기를 전해 듣고 고민에 빠졌다. 안 그래도 요즘 들어 아지아오가 괜한 시비를 거는 통에 성가시다는 말을 아치에게 들은 터였다. 결국 아치의 엄마는 담임을 찾아가 자신이 아는 사실을 전부 이야기했다. 담임은 깜짝 놀라 눈을 둥그렇게 떴다. 평소 그럴 것이라고 생각했던 상황과 전혀 딴판이었기 때문이다.

담임은 즉시 반 아이들을 하나씩 불러 어찌 된 일인지 알아보기 시작했다. 그러나 귀찮은 일에 휘말리고 싶지 않아서인지 아이들 대부분은 잘 모르겠다고 대답했다. 아무리 알아봐도 별다른 성과가 없자 담임은 노선을 변경해 아치를 구슬리기 시작했다. '알고 보니 자신이 전부 오해한 것이며 아지아오는 그럴 의도가 전혀 없었다'는 식으로 어머니에게 말하라고 한 것이다.

아치는 크게 실망했다. 담임에게 화가 났고 그 이상으로 아지아오가 더 미웠다. 아치에게 아지아오는 위선자, 구제 불능이었다. 그녀가 무슨 행동을 하든 위선적으로 보이고 역겨웠다. 그 이후로 두 사람은 줄곧 같은 반 옆자리에 있으면서도 졸업할 때까지 말 한 마디 하지 않았다.

'주관'이라는 우주 안에서
자신이 보고 싶은 것만 보다

수년이 흐른 뒤 아치와 아지아오는 동창회에서 다시 만났다. 둘 다 번 듯한 사회인이었고, 각자 가정도 있었다. 학창 시절의 미움과 원망은 오래된 상흔처럼 옅어진 지 오래였다. 술잔이 세 순배 정도 돌고 나서 아치가 아지아오에게 먼저 말을 걸었다. 그는 웃으며 장난처럼 내가 너 때문에 얼마나 힘들었는지 아느냐고 물었다. 아지아오는 잠시 망설이다 가 다른 사람에게 들리지 않을 만큼 작은 목소리로, 그 시절 자신이 일기장에 썼던 비밀을 털어놓았다.

'새 학기 첫날, 교실에 들어선 그 애를 보자마자 가슴이 뛰었다.'
'오늘 내 책이 그 애 옆에 떨어졌다. 떨리는 마음을 애써 감추고 허리 를 구부려 책을 줍는데, 그 애가 나를 힐끗 곁눈질했다. 그런데 표정이 서늘했다. 그 애는 항상 그렇다. 아주 차갑다.'
'왜일까. 반 아이들 모두 나를 좋아하는데 그 애는 왜 내게 차가울까. 속상하다, 아주 많이.'

그 애는 물론 아치였다. 학창 시절 아지아오가 아치에게 못되게 군 것은 아치를 좋아했기 때문이었다. 좋아하는 마음을 솔직히 내보일 수 없었던 사춘기 소녀의 수줍음이 엉뚱하게 괴롭히는 행동으로 나타난 것이다. 여자아이 아지아오는 남자아이 아치를 좋아했고, 아치는 아무것도 몰랐다. 여기에 모범생의 후광에 눈이 먼 담임이 잘못 끼어들면서 둘은 친구조차 될 수 없는 사이가 되어버렸다.

이제야 뒤늦게 오해가 풀린 아치와 아지아오는 아쉬움을 금치 못했다. 화를 내지 않아도 됐을 일에 화를 내고, 원망하지 않아도 됐을 사람을 원망하며 그 시절을 보냈다는 사실이 특히나 안타까웠다.

우리는 자신의 주관을 믿는 데 익숙하다. 우리 내면에는 나만의 뿌리 깊은 신념과 가치관으로 만들어진 소우주가 있다. 이 우주 속에서 세상을 바라보면 내가 보고 싶은 것밖에 보이지 않는다. 또한 자신도 모르게 자기 생각을 뒷받침하는 증거만을 받아들이기 때문에 주관이 점점 더 강해진다. 결국 주관이 더욱 주관화되면서 감정적 맹목 상태에 빠지게 된다.

이러한 상태의 가장 큰 부작용은 섣부른 판단과 억측이다. 자신이 당사자도 아니면서 자기 생각에만 의지하며 멋대로 추측하고 판단하고, 심지어 사실 여부와 상관없이 자신의 판단을 마치 옳은 것처럼 퍼뜨린다. 이것이 바로 헛소문과 낭설이 생기는 이유다.

맹목적인 사람과
실랑이를 벌이기에는 인생이 너무 짧다

맹목 효과는 '어른의 세계'에서도 흔하게 나타난다. 학술계의 각종 선발 과정, 정치 선거, 직장 내 승진부터 개인의 영역에 이르기까지 맹목적인 '모함'과 '헛소문'이 없는 곳은 없다. 자신과 조금이라도 다르면 일단 무조건 저격하고 보는 것처럼 느껴질 정도다.

　나 역시 맹목 효과 때문에 피해를 본 적이 있고, 친구들도 비슷한 일을 많이 겪었다. 어떤 친구는 이런 상황이 닥치면 억울해서 어쩔 줄 모르며 자신을 변호하고 반박하려 애쓴다. 그러나 몇 차례 설전이 오가고 나면 이런 노력이 사실 아무 의미가 없음을 깨닫는다. 왜냐하면 '모함'과 '헛소문'은 그 자체에 이미 다른 사람의 생각과 관점을 조종하려는 의도가 깔려 있기 때문이다. 만약 조종하고자 하는 상대의 내면에 이를 받아들일 만한 바탕이 없다면 아예 처음부터 먹히지 않는다. 다시 말해 어떤 사람이 나에 대한 모함과 헛소문에 귀를 기울인다면 그것은 그의 마음에 이미 나에 대한 의구심이 있다는 뜻이다. 반대로 나를 믿는 사람은 나에 대한 모함이나 헛소문을 들으면 내가 억울한 일을 당했다고 판단하고 오히려 나를 옹호한다. 그러나 원래 나를 믿지 않는 사람이었다면 나를 향한 악의적 소문이 일어날 때도 자기 판단이 맞았다며 오히려 소문에 힘을 보탠다.

이러한 메커니즘을 이해하면 헛소문에 부화뇌동하거나 일희일비하며 감정을 소모할 필요가 없다는 사실을 깨닫게 된다. 사실 '맹목 효과'의 가장 큰 이점은 진심으로 나를 대하며 믿어주는 사람이 누구인지, 내가 소중히 여기고 가치 있게 대할 사람이 누구인지 알 수 있게 해준다는 것이다. 즉 '맹목 효과'를 통해 인간관계의 옥석을 가릴 기회를 얻을 수 있다.

물론 남에게 오해를 받으면 기분이 좋지 않다. 그러나 살다 보면 나 역시 무의식중에 같은 방식으로 다른 사람을 대할 때가 많다. 나라고 맹목에 빠지지 않는다는 법은 없기 때문이다. 나는 절대 나만의 주관에 눈이 어두워져 잘못된 판단과 억측을 하지 않는다고 어떻게 자신할 수 있겠는가.

불교 지도자인 달라이 라마는 말했다.

"부정적이고 파괴적인 정서를 만드는 요소가 있습니다. 첫 번째는 이기주의입니다. 무슨 일이든 나를 중심에 두고 생각하는 것인데, 다른 말로는 아집이라 할 수 있습니다. 두 번째는 '내가 본 모든 것이 진실'이라는 착각입니다. 이 세상에 보이는 것이 전부인 존재는 없습니다. 부정적인 감정조차 그러합니다. 이 사실을 깨달으면 마음이 지혜로워집니다."

그렇다. 세상의 진실을 보지 못하고 자신만의 세계에 갇힌 맹목적인 사람으로 살기에는 시간이 너무 아깝다. 심지어 맹목적인 사람과 실랑이를 벌이기에는 인생이 너무 짧고 고되다. 자신의 주관에서 한 걸음만 물러나 전체를 보면 무엇에 집중하고 무엇을 중요시해야 하는지가 보인다. 그리고 그것이 바로 삶의 지혜다.

내면에는 나만의 신념으로 만들어진 소우주가 있고,
이 우주에서 세상을 바라보면 내가 보고 싶은 것만 보인다.

자신의 주관에 맞는 것만 선택적으로 받아들이고
이미 익숙한 감정 상태를 유지하려 하다

인본주의 상담의 창시자이자 심리학자 칼 로저스Carl Rogers는 '현상학phenomenology'의 관점을 심리치료에 적용했다. 사람은 누구나 독특한 관점으로 세상을 바라보며 외부 환경을 실제 현실대로가 아니라 주관적 현실로 해석하고 받아들인다고 주장했다.

우리가 서로를 더 이상 다정하게 대하지 않자 우리를 연결해주던 끈이
뚝 끊어져버렸다.

감정이 분리되고 생각도 분열됐으며 가치관마저 갈라섰다.

심지어 도덕심마저 사라졌다.

나의 감정은 너에게 잡히고, 생각은 그에게 잡혔으며, 양심은 스스로에게 잡혔다.

악마는 생존 법칙으로 나를 유혹하며, 권력을 잡는 길을 슬며시 보여준다.

결국 나는 모든 연결을 끊어내고 네게 안녕을 고한다.

부디 네가 나의 선택을 이해해주기를.

이제 내가 바랄 것은 그뿐이다.

수박 효과

상대의 말과 행동은
모두 생존을 위한

선택이다

어느 대학 모 학과의 대표 커플이 헤어졌다. 그 바람에 원래 잘 뭉치던 동기들까지 덩달아 두 파로 나뉘었다. 남자는 같은 과 다른 여학생과 다시 사귀었고, 이번에는 순조롭게 결혼까지 이르렀다. 결혼식을 앞두고 청첩장 발송을 돕던 남자의 친구는 자연스럽게 전 여자 친구와 친한 동기를 전부 명단에서 제외했다.

경사스러운 결혼식 날, 신랑 신부가 테이블마다 돌며 인사를 하는데 눈치 없는 동기 하나가 이렇게 물었다.

"누구랑 누구는 안 왔네. 왜 안 왔대?"

그가 언급한 사람은 모두 남자의 전 여자 친구와 절친한 사이였다. 활짝 웃던 신랑 신부의 얼굴이 순식간에 굳어지자 눈치 빠른 다른 동기가 얼른 술잔을 내밀며 끼어들었다.

"너도 참, 우리 다 연락 안 한 지 오래됐잖아. 자자, 한잔해!"

다른 친구들도 난감한 표정으로 눈빛을 주고받으며 더 이상 '저쪽파' 이야기가 나오지 않게 하려 애썼다.

본래 좋았던 인간관계에 균열이 생기면 주위의 사람들도 영향을 받는다. 잘 익은 수박에 칼을 꽂으면 굳이 힘을 주지 않아도 쩍하고 두조각이 나듯, 하나의 인간관계가 깨지면 그 주변 사람들도 자연스레 분열된다. 재미있는 점은 다들 균열이 눈에 보이기도 전에 배후에 존재하는 미세한 감정의 흐름을 직감적으로 알아차리고 자기 입장과 상대와의 관계에 따라 각자 생존에 유리한 쪽으로 선택을 내린다는 것이다.

생존을 위한 것일 뿐,
그 이상도 그 이하도 아니다

내게도 비슷한 경험이 있다. 아직 대학 교단에 서기 전, 나는 친구의 소개로 애덤이라는 사람을 알게 됐다. 당시 애덤은 심리학 관련 사업을 준비 중이었는데, 전공자인 나와 손을 잡고 싶어 했다. 처음 만난 자리에서 그는 차분하면서도 열정적으로 자신의 사업 계획을 설명했고 나는 그의 열의에 끌렸다. 게다가 친한 친구가 적극적으로 추천했기 때문에 결국 그의 팀에 합류하기로 결정했다. 나와 애덤, 친구는 함께 힘을 모아 애덤의 첫 번째 사업 계획대로 상담소를 개소했다. 심지어 내 명의였다.

처음에는 분위기가 좋았다. 나와 애덤은 환상의 파트너였다. 나는 실무 처리, 애덤은 비전 건설에 능했다. 얼마 지나지 않아 뜻을 함께할 동료들이 더 생겼다. 모든 것이 순조롭게 자리를 찾아가는 듯했다. 애덤이 자금 융통에 문제가 생겼다며 내게 돈을 좀 빌려줄 수 있겠느냐고 묻기 전까지는 그랬다.

나는 망설였다. 하지만 여태껏 해온 노력이 수포로 돌아가게 하고 싶지 않았다. 그래서 남편과 의논한 후, 부모님과 시부모님에게 각각 얼마씩 빌려서 적지 않은 돈을 애덤에게 건넸다. 애덤은 내가 실제로 빌려준 금액이 적힌 차용증 대신 그보다 몇 배나 많은 금액의 '가상' 주식 증서를 써주었다. 이전에 돈을 빌려준 경험이 없던 나는 그의 이런 행동에 바보처럼 감동해버리고 말았다. 이는 곧 내가 '채권자'에서 '투자자'가 되었다는 뜻이고, 우리 사이에 이익을 따지지 않는 진짜 우정이 생겼다는 증거였기 때문이다.

내가 빌려준 돈(혹은 외부에서 더 끌어들인 돈) 덕분에 자금 위기를 벗어난 회사는 계속 굴러갔다. 금전으로 얽혀서인지 나도 모르게 그의 사업이 성공하도록 도와야 한다는 생각이 들었다. 그래서 상담소에 더 많은 강의를 개설할 수 있게 인맥을 동원해 강사를 구하는 등 물심양

면으로 애덤을 지원했다. 하지만 내가 본격적으로 교수 임용 준비를 시작하면서 눈코 뜰 새 없이 바빠지자 결국 애덤은 나를 대신할 전문 인력을 구했고, 매기라는 여성이 내 뒤를 이어 상담소의 신임 책임자가 됐다.

교수 임용에 성공한 이후에도 나는 학술 분야에 매진하느라 정신이 없었고, 매기와 애덤이 회사 운영을 전담했다. 비용 계산부터 강의 설계, 수강생 모집에 이르기까지 전반적인 업무를 하는 사람은 매기였다. 하지만 수강생이 지불한 거액의 수강료는 전부 애덤의 계좌로 들어가 애덤이 관리했다. 이에 불만을 품은 매기는 내게 그가 잘못하고 있다며 문제를 제기했다. 나는 전체적인 상황을 파악하지 못한 채 매기의 말만 듣고 애덤을 나무랐고 결국 심한 언쟁을 벌였다.

그날은 어찌어찌 상황이 정리됐지만 한번 나빠진 감정은 좀처럼 나아지지 않았다. 사소한 오해와 불쾌한 감정이 쌓여가던 어느 날, 애덤과 나는 관계를 회복할 수 없을 정도로 대판 싸우고 말았다. 다음 날 애덤은 회사 출입 열쇠를 바꾸고 나와 관련된 사람을 전부 몰아냈다. 당장 강의할 교실이 없어진 것이다. 내 소개로 강의를 맡은 선생님은 시급조차 받지 못했다. 애덤의 계좌에 있는 수강료를 빼 올 수 없었기 때문이다. 다행히 이 선생님이 상황을 이해하고 나를 도와준 덕분에 급한 대로 임시 교실을 마련해 남은 강의를 진행할 수 있었다. 게다가 선생님은 끝까지 나와 함께 무급으로 강의하며 수강생과의 약속을 지켰다. 그 은혜는 평생 잊을 수 없을 것이다.

사태가 그 지경에 이른 데에는 분명히 내 책임도 있다. 인정한다. 드높았던 꿈이 처절하게 부서졌으니, 스스로 돌아보고 반성할 부분도 많았다. 그런데 이해할 수 없는 사람은 매기였다. 어찌 보면 그녀의 불평과 불만 때문에 내가 애덤과 갈라서게 되었다고 해도 과언이 아니다. 그런데 우리의 동업 관계가 깨진 후, 매기는 언제 불만이 있었느냐는 듯 애덤과 더욱 긴밀한 관계가 되었다. 심지어 본인이 나서서 내가 수백만 대만 달러에 이르는 수강료를 횡령했으며, 그것도 모자라 순진한 강사를 일 년 넘게 공으로 부려먹었다는 소문을 퍼뜨렸다. 결국 이 사건과 앞서 소개한 별칭 사건이 겹치면서 나는 한동안 업계에서 상당한 어려움을 겪어야 했다.

수박 효과의 파급은 무서웠다. 나에 대한 헛소문과 모함이 횡행했지만 아무도 내게 직접 사실 여부를 확인하거나 내 입장을 묻지 않았다. 친하다고 생각했던 사람들도 마찬가지였다. 어쩌다 나와 만나도 아무 소문도 못 들은 척 딴 이야기만 했고, 나 역시 상황을 전혀 모르는 척 했다.

참 힘들고 괴로운 시간이었다. 하지만 꾸준히 책을 쓰고 상담 등 본업에 열중하자 점차 나를 믿고 기회를 주는 사람이 늘어나기 시작했다. 그제야 비로소 인간에 대한 신뢰가 조금씩 회복됐다. 어느 정도 혼자 설 수 있게 되니 내게 그때 그 일들에 대해 직접 묻는 동료도 생기기 시작했다. 내 입장을 들은 사람들은 하나같이 그럴 줄 알았다며 혀를 찼다.

"어쩐지 이상하더라. 지금 생각해보면 진짜 말도 안 되는 모함이었어. 네가 정말로 그런 짓을 하고 선생님을 착취했다면, 그 선생님이 지금까지도 너랑 잘 지낼 리가 없잖아."

내가 한창 모함을 받던 때에는 나와 말을 섞으려는 동료 자체가 없었다. 그러나 지금은 그 사실도 별로 중요하지 않다는 생각이 든다. 그렇다고 상처가 다 사라진 것은 아니어서, 요즘도 혼자 있는 밤이면 그때의 기억과 아픈 장면들이 불쑥불쑥 떠오른다. 그 일을 통해 나는 자신을 먼저 돌아보는 법을 배웠다. 하지만 그 사건과 관련된 모든 사람이 나를 왜 그리 무정하게 대했는지, 그때 대체 무슨 심정이었는지 이해하는 데까지는 꽤 오랜 시간이 걸렸고 내내 괴로웠다.

물론 지금은 안다. 요 몇 년간 더욱 확실하게 알게 되었다. 사람은 누구나 자신의 생존을 최우선으로 생각한다. 우리가 어떤 행동을 하는 이유도 알고 보면 오로지 생존을 위한 것일 뿐, 그 이상도 그 이하도 아닐 때가 많다.

나 역시 예외는 아니다. 생존을 위해서라면 놓지 못할 것도, 용서하지 못할 것도 없다. 그들이 그 당시 나를 그렇게 대할 수밖에 없었던 이유도 결국은 자신의 생존을 위한 것이었음을, 지금은 확실하게 안다.

모든 행동의 기준은 자신의 생존과 유익이다

생존을 위해서는 놓지 못할 것도, 용서하지 못할 것도 없다

───────

정신분석학자 해리 설리번Harry Stack Sullivan은 생물학 이론을 빌려서 인간관계의 '공동 생존 원리'를 설명했다. 사람의 생명이 유지되려면 환경과 지속적으로 에너지를 주고받아야 한다. 설리번은 이 '환경'에 문화도 포함된다고 보았다.

문화란 사람이 만든 것이다. 따라서 문화 환경은 곧 사람과 사람 사이의 환경이라 할 수 있다. 즉 인간은 자신과 공통된 가치관과 생각을 가진 타인에게 의지해 살아간다.

'수박 효과'는 생존이라는 절대 원칙하에 자신이 기대어 살아갈 문화 환경을 선택하는 사람의 심리적 메커니즘을 다룬 것이다.

무심코 내뱉었다가 친밀한 **관계**를 망치는 **말 말 말**

1 **"그것 봐, 네가 그렇다니까. 변하는 게 없어!"** 상대를 얕잡아 보고 무시하는 표현 → 변하기 어려운 사람일수록 변하지 않는다는 비난을 듣기 싫어한다.

2 **"○○를 좀 봐라, 너보다 뭐든 낫잖니!"** 상대를 얕잡아 보고 무시하는 표현 → 여성이 남성에게, 부모가 아이에게 쓸 때 살상력이 가장 강하다.

3 **"나 아니었으면 넌 분명 외톨이였을 거야"** 상대를 얕잡아 보고 무시하는 표현 → 자신을 상대보다 우위에 놓고, 상대에게 불안감을 심어주는 표현이다.

4 **"너 정말 귀찮다." "왜 이렇게 짜증 나게 만들어?"** 상대를 얕잡아 보고 무시하는 표현 → 상대의 인격을 무시하는 발언으로 사실상 인신공격이나 다름없다.

5 **"네가 무슨 자격으로 내 일에 참견해?"** 방어적 태도 → 상대를 밀어내고 서로 거리를 멀어지게 한다.

6 **"내 일이야. 너는 상관하지 마"** 방어적 태도 → 말투가 냉랭할수록 상대에게 더 큰 상처를 입힌다.

7 "네가 하고 싶은 대로 해. 난 관심 없어" 방어적 태도 ➡ 이런 말을 입에 달고 사는 사람일수록 속마음은 정반대인 경우가 많다.

8 "그래, 네 말이 다 맞아. 됐지?" 소통과 대화를 차단하는 표현 ➡ 소통을 거부하는 발언으로 상대를 무시하는 태도다.

"어서 1층으로 가세요! 제가 뛰어내리면 받아주셔야 해요!" 일촉즉발의 상황이었다. 의사는 어쩔 수 없이 1층으로 뛰어 내려갔다. 그리고 옥상을 향해 양팔을 활짝 펼치고 소리쳤다. "좋아요, 받아줄게요!" 그와 동시에 그는 눈을 꼭 감았다. 반쯤 자포자기한 심정이었다. 이후에 어떤 상황이 벌어지든 차마 눈을 뜨고 볼 용기가 나지 않았다. 한참을 기다려도 아무 일도 일어나지 않았다. 주변은 고요하기만 했다. 의사가 설핏 눈을 떠 옥상을 봤을 때 여자는 이미 스스로 옥상에서 내려간 뒤였다. 병실로 찾아온 의사에게 그녀가 말했다. "방금 절 받아주신 것으로 생각할게요." 의사는 저도 모르게 안도의 한숨을 내쉬었다. 하지만 다음 상담 시간에 더욱 당황스러운 일이 벌어졌다. 여자가 의사에게 젖병을 내밀며 이렇게 말한 것이다. "선생님, 저는 지금 아기예요, 우유를 먹여 키워주세요." 의사는 할 말을 잃은 채 여자를 바라봤다. 실로 난감한 상황이었다. 하지만 이번에도 별 도리가 없었다. 그는 어쩔 수 없이 젖병으로 곧 서른 살이 다 되어가는 '아기'에게 우유를 먹여주었다. 우유 한 병을 다 마시고 그녀가 말했다. "방금 저를 한 살 되게 키워주셨어요." 그 후 일주일에 한 번씩 상담할 때마다 의사는 그녀에게 우유를 먹여주었고, 우유를 한 병 마실 때마다 여자는 한 살씩 자라났다. 얼마 후 여자는 퇴원했다.

있는 그대로

나를

인정하다

어릴 때는 빨리 자라 어른이 되고 싶어 한다.

어른이 되면 자기 마음대로 살 수 있을 것 같아서다.

그러나 어른이 되면 어른이라고 해서 마음대로 살 수 없다는 것을 깨닫는다.

관계에 대해, 사회에 대해 마땅히 짊어져야 할 책임이 있기 때문이다.

때로는 어쩔 수 없어서, 때로는 감당할 능력이 없어서, 때로는 이기적이라서.

결국 어른의 빈자리를 채우는 것은 그들의 아이다.

아이는 아직 덜 자란 손을 뻗어 무너지는 가정을 받치고,

제 모습을 잃어버린 어른을 기워 붙여 어른의 모양을 유지하도록 돕는다.

이런 아이들은 겉모습만 아이일 뿐, 속은 어른이 된다.

속이 어른인 아이들은 속이 아이인 어른보다 훨씬 굳고 강하다.

그리고 상처 받을 시간조차 없을 정도로 서둘러 어른이 되어버린다.

애어른 효과

돌봄을 받아야 할 아이가
오히려

가족을 돌보다

그녀는 폭력 가정에서 자랐다. 노름꾼이었던 아버지는 빚쟁이를 피해 그녀와 엄마를 버리고 도망갔고, 엄마는 곧 새 남자 친구를 사귀어 동거를 시작했다. 그녀가 아저씨라고 불렀던 엄마의 동거남은 성질이 좋지 못했다. 술만 마시면 별것 아닌 일을 트집 잡아 그녀를 때렸다. 심한 날에는 그녀의 머리를 축구공처럼 차댔다.

하지만 그녀가 증오한 사람은 아저씨가 아니라 엄마였다. 자신이 맞을 때 말리기는커녕 수수방관하는 엄마가 세상에서 가장 미웠다. 그리고 그럴수록 아버지가 그리웠다. 그녀는 아버지가 남기고 간 옷가지를 몰래 끌어안고 울었다.

그녀가 대학생이 된 후, 엄마가 암에 걸렸다. 아저씨는 병상에 누운 엄마를 버렸다. 엄마를 돌볼 사람은 자신밖에 없었다. 그녀는 금방이라도 터져 나올 것 같은 분노와 원망을 애써 삭이며 엄마의 수발을 들었다. 말 못 할 상처와 스트레스 때문에 폭식을 하기 시작했다. 너무 고통스러워서 살고 싶지 않았다. 속사정을 모르는 사람들은 그녀를 이상한 눈으로 봤다. 연애도 몇 번 했지만 모두 실패했다. 그녀는 인생에 아무 희망도 느끼지 못했다.

진짜 아이로 살아보지 못하면
진짜 어른도 되지 못하다

그녀와 나는 매주 상담을 했다. 이상하게도 그녀와 만나는 날에는 늘 비가 내렸다. 흩날리는 빗방울이 꼭 눈물 같아 괜히 한숨이 나왔다. 그녀는 나와 마주 앉자마자 엄마가 얼마나 짜증 나고 싫은지 이야기하며 끊임없이 원망을 쏟아냈다.

"그 여자는 진짜 아무짝에도 쓸모가 없어요. 엄마 노릇도 제대로 못했으면서 날 계속 힘들게 만들기만 해요."

엄마에 대한 그녀의 미움은 생각 외로 깊었다. 그런데 어느 날, 그녀는 평소와 조금 다른 얼굴로 나타나 내가 예상하지 못한 말을 꺼냈다.

"선생님, 어쩌면 엄마가 그렇게 증오스럽거나 죽어도 상종 못 할 정도는 아닐지도 모른다는 생각이 들었어요."

"그래요? 어쩌다 갑자기 그런 생각이 들었어요?"

잠시 침묵하던 그녀는 우연히 길 가다 보았다며 순두부 파는 여자의 이야기를 시작했다.

수업을 마치고 집으로 돌아가는 길이었다. 그녀는 길에서 순두부를 파는 젊은 여자를 무심코 바라보았다가 그만 시선을 빼앗기고 말았다. 여자는 손수레에 커다란 들통 두 개를 놓고 장사 중이었다. 들통 하나에는 아직 다 팔지 못한 순두부가 들어 있었고, 다른 하나에는 놀랍게도 어린 여자아이가 몸을 웅크리고 앉아 있었다. 아이는 곤히 자는 중이었다. 손님이 끊길 때마다 젊은 엄마는 손을 뻗어 아이를 가만가만 도닥였다. 해가 뉘엿뉘엿 지는 때였다. 붉은 노을이 여자의 어깨와 들통에서 자는 아이의 뺨을 따스하게 물들였다.

이 장면은 그녀의 마음에 강렬한 파문을 일으켰다. 노을빛이 드리운 젊은 엄마의 옆얼굴은 너무나 온화하고 다정해 보였다고, 그녀가 말했다.

"선생님, 그거 아세요? 사실 우리 엄마도 그렇게 부드러운 얼굴이었던 적이 있었어요."

눈물방울이 후드득 떨어졌다. 상담을 시작한 지 몇 주 만에 처음으로 그녀가 울었다.

복잡하게 얽혀 있던 마음이 약간은 풀린 듯, 그녀는 조금씩 옛날 일을 이야기하기 시작했다. 엄마와 잘 지내던, 아직은 아버지가 함께였던 시절에, 세 식구가 같이 놀러가기도 했던, 인생에서 가장 행복하던 시절의 이야기였다.

"정말 너무 밉고 증오스러워요. 어떻게 우릴 버릴 수가 있죠?(아마 아버지를 말하는 것이리라.) 아무리 생각해도 이해할 수가 없어요. 왜 우리를 버리고 가는데 잡지 않았을까요?(이번에는 엄마를 말하는 게 분명했다.)"

내가 물었다.

"혹시 자신과 어머니를 버리고 간 아버지를 붙들지 못한 것을 자기 탓으로 돌리고 있지는 않나요?"

그녀는 대답 대신 소리 없이 흐느꼈다.

그녀는 아버지에 대한 원망과 분노를 자신과 엄마의 기억에 투영하고 있었다. 그래서 아버지를 향해야 할 기대와 분노까지 전부 엄마에게 쏟았고, 그만큼 더 큰 상처를 입었다. 엄마가 병상에 누운 뒤에는 엄마의 보호자가 되어야 한다며 스스로를 몰아붙였다. 그러자 안 그래도 제대로 처리되지 못한 감정이 더욱 복잡하게 꼬여버렸다.

사실 이는 그녀만 가진 문제가 아니다. 실제로 수많은 가정이 아버지의 부재로 인해 고통을 겪는다. 아버지가 어떤 이유로 부재하건, 고통은 결국 남겨진 아이들과 어머니의 몫이다.

형제자매가 많다면 어머니가 정신적으로 무너져 제대로 된 역할을 하지 못해도 서로 의지해가며 어느 정도는 버틴다. 그러나 어른이 된 후에는 형제자매끼리도 길이 나뉜다. 능력이 있거나 혹은 비교적 가족을 쉽게 포기할 수 있는 아이는 자기 삶을 찾아 집을 떠난다. 그러나 어찌해도 떠나지 못하고 계속 남아서 '엄마의 보호자' 역할을 하는 자녀가 반드시 하나쯤은 있기 마련이다. 이들의 경우, 겉은 멀쩡해 보여도 실제로는 분노와 무력감이 가득하다. 왜일까?

아무리 강해 보이는 사람도 내면에는 돌봄을 받고 싶다는 욕구가 있다. 어린아이라면 더더욱 이런 욕구가 강하며, 또 마땅히 돌봄을 받아야 한다. 하지만 이들은 마땅히 돌봄을 받아야 할 어린아이일 때부터 오히려 가족을 돌보고 살아왔다. 어린아이답게 자유로이 자신의 인생을 누릴 기회를 빼앗기고 억지로 어른이 될 것을 강요받은 셈이다. 진짜 아이로 살아보지 못한 사람은 진짜 어른이 되기도 어렵다. 결국 여기서 모든 문제가 시작된다.

흑과 백이 합쳐져
편안한 회색이 되다

그녀와의 상담에서 내가 어떤 역할을 했는지는 그로부터 수년이 흐른 후에야 깨달았다. 그랬다. 내가 한 일은 그녀가 어린아이로 돌아갈 수 있도록 해준 것이었다. 어린아이가 되어 마음껏 떼쓰고 성질부리고 불만을 터트릴 수 있도록 해주었다. 그녀가 '이제 됐다'고 느낄 때까지 모두 받아주었다.

임종 직전, 그녀의 어머니는 꺼져가던 불빛이 잠깐 크게 타오르듯 갑자기 맑은 정신으로 돌아와 그녀에게 이렇게 말했다.

"엄마가 정말 미안해. 나를 용서해줄 수 있겠니?"

그녀는 고개를 끄덕였다.

"네, 용서해요."

하지만 진심이 아니었노라고 그녀가 내게 고백했다.

"그냥 편히 가시게 해드리려고, 마지막 가는 길 안심하고 가시라고 용서한다고 했을 뿐이에요. 사실은 용서 못 했어요. 용서가 안 돼요."

사실 용서하든 용서하지 못하든 상관없었다. 그보다는 그녀가 자신의 감정을 솔직히 인정하고 표현할 수 있게 되었다는 점이 더 중요했다. 내면 아이가 제멋대로 굴 수 있도록 해주자 그녀에게 오히려 상대를 이해하고 필요한 바를 내줄 만큼의 여유가 생겼다. 나는 그녀가 진심으로 용서하지 않았다는 이유로 죄책감을 느끼지 않는 것이 더욱 기쁘고 반가웠다.

시간이 흐르고 내면의 이야기를 솔직히 꺼내놓을수록 그녀는 점점 더 어린아이 같은 마음으로 돌아갔다. 그러자 한 가지 일을 여러 가지 시선으로 보게 되었다. 죽이고 싶을 만큼 밉고 증오스럽기만 한 엄마에게도 따뜻하고 온화한 얼굴이 있었다는 것을 기억해냈고, 그토록 그리워했던 다정한 아빠가 자신과 엄마를 버렸다는 사실도 담담히 인정하게 되었다.

우리는 과거와 마주할 때 어린 나 자신과 함께 다시 한번 성장할 기회를 얻는다. 내게 상처를 준 사람이나 사건과 화해하는 것은 중요치 않다. 그보다는 나의 내면에 있는 그림자와 화해하고, 자라지 못한 내면 아이를 위로하고 돕는 일에 훨씬 더 중요한 의미가 있다.

전혀 받아들일 수 없을 것만 같았던 흑과 백이 결국 합쳐져 편안한 회색이 된다.

어쩌면 그러한 회색이야말로 이 세상에서 가장 아름다운 색깔인지도 모른다.

내게 상처를 준 사람과 화해하는 것보다
나의 내면에 있는 그림자와 화해하는 일이 더 중요하다.

기능을 상실한 가족 구성원 때문에 감정적으로
성숙하지 않은 아이가 어른 되기를 강요받다

가족치료 중 '부모화된 자녀Parentified child'라는 개념이 있다. 가족 구성원, 특히 양육을 해야 할 사람이 마땅한 책임을 감당하지 못하고 제 기능을 상실했을 때 자녀가 그 역할을 대신 떠맡아서 가정을 유지하는 경우를 말한다. '애어른 효과'란 바로 이러한 개념의 연장선상에서 나온 것이다.

사는 데 **묶이고 규칙에 묶이고** 다른 사람의 바람에 묶였다.

나는 더욱 완벽하게 타인의 환상을 만족시키려 애썼고, 마침내 해냈다.

그러나 어느 날 문득 들여다본 거울에는 이상한 아이만 비치고 있었다.

눈도 코도 없고 입만 커다랗게 웃고 있는 괴상한 모습.

그 모습을 한참 들여다보던 나는 그만, 거울을 깨뜨려버렸다.

역반응 효과

숨 막히는 인생에서
출구를

찾다

1980년대 대만에는 온갖 잡화를 파는 '구멍가게'가 골목마다 자리 잡고 있었다. 구멍가게에는 잡화만 있는 것이 아니었다. 아이들이 도저히 그냥 지나칠 수 없을 만큼 군침 도는 간식거리도 잔뜩 있었다.

내가 다니던 초등학교 옆에도 구멍가게가 있었다. 가게는 하교 시간마다 아이들로 북적거렸다. 가장 인기가 있었던 것은 가게 문간에 자리한 간식 자동판매기였다. 동전을 넣고 손잡이를 돌리면 쫀득한 떡이든 초콜릿, 축구공 모양 사탕, 빨간 소스가 발린 대구포 같은 간식이 툭하고 떨어졌다. 그것은 단순히 배를 불리는 먹을거리가 아니었다. 아이가 누릴 수 있는 최고의 자랑이었다.

엄마는 외동딸인 나를 위해 매일 (엄마가 생각하기에) 영양 가득한, 그러나 (내가 보기에) 결코 맛있다고 할 수 없는 아침 식사를 차려주었다. 또 여러 가지 걱정과 나름의 판단에 따라 내게 용돈을 일절 주지 않았다. 그 탓에 친구들이 쉬는 시간에 매점으로, 방과 후에 구멍가게로 달려가 '아이로서 누릴 수 있는 자랑'을 맛볼 동안 나는 이방인처럼 멀거니 서서 그 모습을 바라보고만 있어야 했다.

부모님은 내게 일찍부터 여러 가지 과외 활동을 시켰다. 암산, 속독, 심지어 타악기까지 배웠다. 선행학습을 그렇게 많이 했으니 학교 공부가 어려울 리 없었다. 선생님은 성적이 늘 상위권인 나를 콕 집어 반장을 시켰다. 그렇게 지목되어 반장을 한 적이 몇 번이었다.

몇 학년 때였던가. 그때도 반장이었다. 당시 내 짝은 마르고 볼품없는 여자애였다. 선생님이 왜 나와 그 아이를 짝지어 앉혔는지 모르겠지만 어린 마음에 그 아이를 슬며시 무시했던 기억이 난다. 어쩐지 나와 그 애는 속한 세계가 다른 느낌이었다.

그럼에도 그 아이가 나의 관심을 끌었던 이유는 단 하나, 용돈이었다. 희한하게도 그 애는 많든 적든 언제나 용돈이 있었다. 자존심 강하고 콧대 높은 나였지만 그 아이가 매점이나 구멍가게에서 '아이의 자랑'인 간식을 사 먹는 모습을 보면 나도 모르게 멍하니 바라보기 일쑤였다. 옆자리에 앉아 몰래 코를 벌름거리며 그 애에게서 풍기는 달콤한 간식 냄새를 맡기도 했다. 아마 몇 번쯤, 그 애에게 그런 모습을 들킨 것 같다. 어느 날, 그 애가 쭈뼛거리며 간식을 내밀었다. 혹시라도 내게

거절당할까 봐 걱정하는 기색이 역력했다.

　나는 일말의 망설임도 없이 그 애가 내민 간식을 냉큼 받았다. 그와 함께 나와 친구가 되고 싶어 하는 그 아이의 마음도 받아들였다. 그날부터 나는 그 아이가 사 온 간식을 함께 먹었다. 나중에는 얻어먹는 데 그치지 않고, 아예 그 애한테 돈을 빌려서 내가 먹고 싶은 것을 사먹었다. 거의 매일 그랬다. 물론 돈을 갚은 기억은 없다.

　나와 그 애 사이에 생겨난 비밀스러운 우정은 그 후로도 꽤 오래 이어졌다. 그리고 어른이 된 후, 이 기억은 내 마음에 차마 말할 수 없는 부끄러움으로 남았다.

반항은 부모에게 보내는
자녀의 마지막 구조 신호다

상담심리 전문가가 된 후, 나는 청소년과 초기 성인기 청년의 문제행동 연구에 큰 관심을 갖게 되었다. 예를 들면 이런 것이다.

　사례 하나. 모범생으로 선발된 대학생이 중학교 동창회에서 친구들을 선동해 여자 동창생을 해변으로 끌고 가 옷을 전부 벗긴 후 그곳에 버려두고 왔다.

사례 둘. 반에서 항상 일등을 하던 여학생이 졸업을 한 달 앞두고 갑자기 같은 반 친구의 지갑을 훔쳤다. 또 나중에 밝혀진 바에 따르면 친구의 물통에 샴푸와 표백제를 몰래 넣기도 했다.

사례 셋. 선생님이 보기에는 한없이 착하고 예의 바른 학생이 알고 보니 사이버 괴롭힘의 주동자였다. 이 학생은 반 친구들을 선동해 한 친구를 지속적으로 괴롭혔고, 결국 피해 학생이 등교를 거부하기 시작하면서 그간의 비행이 모두 밝혀졌다.

위 사례의 공통점은 누가 봐도 나무랄 데 없이 우수한 아이들이 누가 봐도 깜짝 놀랄 악행을 저질렀다는 점이다. 나는 이런 이야기를 들을 때마다 기분이 묘해진다. 마치 과거의 나를 보는 것 같아서다.

나는 이 아이들이 황금 궁전에 산다고 생각한다. 눈에 보이는 모든 곳이 황금으로 꾸며진 궁전은 얼핏 보면 마냥 좋아 보인다. 그런 곳에 살면서 불만을 갖다니, 배부른 소리인 것만 같다. 하지만 사실은 주변의 모든 것이 너무 번쩍거려서 눈이 아프다. 사방이 막혀 하늘을 볼 수가 없다. 그곳에서 지내는 시간이 길어질수록 화려한 장식을 전부 부숴버리고, 무조건 밖으로 뛰쳐나가 파란 하늘을 보고 싶어진다.

이런 아이들은 모범적인 겉모습과 달리 내면에 좌절된 욕구가 가득하다. 자신이 하고 싶은 대로 하자니 가족의 꿈을, 부모의 환상을 깨뜨릴 용기가 나지 않는다. 그렇다고 가만있자니 숨이 막혀 죽을 것만 같다. 결국은 어른 모르게 금기에 손을 댄다. 나쁜 짓이라는 것은 알지만 이렇게라도 스트레스를 풀지 않으면 자신이 죽을 것 같다. 언제 터질지 모르는 시한폭탄이 되지 않기 위해 어떻게든 울분을 해소해야 한다.

처음에는 눈에 띄지 않게 조금씩, 사소하게 나쁜 짓을 한다. 착한 아이의 반항이라 해도 좋고, 역습이라 해도 좋다. 언제 들킬지 몰라 조마조마하지만 한편으로는 차라리 빨리 들켜버렸으면 하는 마음도 있다.

나쁜 짓이 들키지 않는다고 만사 오케이인 것도 아니다. 왜냐하면 자신을 괴롭히는 근본적인 갈등과 문제는 여전하기 때문이다. 그래서 청소년기 때 저지른 사소한 나쁜 짓을 들키지 않고 그대로 성장하면 결국 나쁜 어른이 된다. 반대로 청소년기 때 반항 한번 해보지 못하고 자신을 억누르기만 하면 우울하고 불행한 어른으로 자란다. 문제는 부모다. 부모는 자녀와 마찬가지로 자신도 반항심과 분노에 사로잡힌 적이 있다는 사실을 인정하지 않는다. 그래서 자녀가 반항하면 이해하려 노력하기보다는 무조건 꾸짖고 억압한다.

반항은 청소년기의 자녀가 부모에게 보내는 마지막 구조 신호다. 그러나 안타깝게도 어른들은 그 신호를 이해하지도, 심지어 알아채지도 못하는 경우가 부지기수다.

매 순간
낯선 나 자신과 만나다

대학 졸업 후, 우리는 공부를 더 하거나 사회에 발을 내딛는 등 각자의 삶 속으로 흩어졌다. 그렇게 열심히 살아가던 어느 날, 승무원이 된 친구가 옛 친구들이 보고 싶다며 초등학교 동창 모임을 추진했다. 친구가 전달해준 참석 명단에는 그 시절 나의 '나쁜 짓'에 휘말렸던 그 아이도 있었다.

약속 날짜가 다가올수록 초조해졌다. 그 애가 과연 올지 확신할 수가 없었다. 혹시라도 내가 온다는 말을 듣고 나오지 않을까 봐 걱정됐다. 그러면서도 그동안 그 애가 어떻게 살았는지 너무 궁금했다.

마침 만나기로 한 날이 그 애 생일이었다. 나는 용기를 내어 케이크를 샀다. 하지만 이 케이크가 정말로 주인을 만나고 싶어 하는지는 알 수 없었다.

약속 당일, 오기로 한 사람이 거의 다 올 때까지 그 애의 모습은 보이지 않았다. 마음에 걸려 있는 부끄러움 때문에 차마 다른 친구들에게 그 애의 소식을 묻지도 못했다. 실망감이 스멀스멀 피어오르는 찰나, 저만치서 누군가 환한 미소를 지으며 총총히 걸어왔다. 그 애였다.

간단한 안부 인사와 근황을 나눈 뒤, 나는 그 애에게 조심스레 케이크를 내밀었다. 그 애가 받아주지 않으면 어쩌나, 가슴이 두근거렸다.

하지만 그 애는 깜짝 놀라며 기뻐했다. 혹시 그 시절을 기억하지 못하는 것일까? 내가 얼마나 나쁜 친구였는지 설마 다 잊었나? 케이크에 초를 꽂고 불을 붙인 후, 다 같이 생일 축하 노래를 불렀다. 그 순간 어쩐지 오랜 세월 내 마음 깊은 곳에 걸려 있던 부끄러움이 촛농과 함께 녹아내리는 것 같았다.

　나도, 그 애도 그 시절을 나쁘게 기억하지 않았다. 사람은 누구나 자신만의 인생 과제가 있다. 우리는 과거의 한순간을 같이하며 각자 인생의 숙제를 품게 되었다. 그리고 감사하게도 신은 우리가 자신의 상처와 부끄러움을 안고 무너져버리지 않도록 기회를 주었다. 스스로의 잘못을 통해 한계와 부족함을 깨닫고 진짜 자신을 발견하게 했으며, 이를 디딤돌 삼아 계속 살아나갈 힘을 얻게 했다.

　"정말 오랜만이다. 잘 지냈어?"

　나의 물음에 그 애는 더없이 아름다운 미소로 답했다. 그 순간 나는 깨달았다. 어린 시절, 친구들의 조롱과 무시를 받던 볼품없는 모습은 그 애의 인생에 잠깐 드리웠던 그늘에 불과했다는 것을. 지금의 그 애는 당당하고 자신감 넘치며 힘 있어 보였다. 이처럼 사람에게는 다양한 모양과 여러 가지 층이 있다. 그렇기에 당장의 모습만 보고 쉽게 판단해서는 안 된다. 이는 나 자신에 대해서도 마찬가지다. 인생을 살아가는 동안 우리는 실제로 매 순간 전혀 알지 못했던 낯선 나 자신과 만나게 된다. 단, 과거에 사로잡혀 앞으로 나아가지 못하는 사람은 이런 귀중한 기회를 놓치기 쉽다.

만약 그날 그 자리에 그 애가 오지 않았더라면 어땠을 것 같으냐고 누군가 내게 물었다.

나는 아무 대답도 하지 않았다. 그러나 만약 그 애가 오지 않았더라도 그로 인해 또 다른 깨달음과 또 다른 자아 인식을 얻었을 것이다.

남에게 보이기 위한 것이 아닌, 진정한 나 자신에게 더욱 가까워지는 깨달음을 얻었을 것이다.

타인에 의해 자신의 인생이 억압당하는 답답함을
반항적 행동을 통해 해소함으로써
인생의 주도권이 자신에게 있음을 확인하려 하다

아동정신분석학자 도널드 위니컷은 청소년의 비행 행동을 '외침'이라고 표현했다. 성장 환경에 문제가 있으면 아이는 사랑과 관심을 표현하는 능력을 충분히 갖추지 못한 상태에서 청소년기를 맞이한다. 그리고 모종의 '작은 악행'을 저지르기 시작한다. 사실 이는 양육자의 관심과 사랑을 갈구하는 '외침'이라 볼 수 있다. 그렇기 때문에 비행 행동을 한다는 것은 오히려 희망이 있다는 증거가 된다.

만약 '작은 악행'으로도 양육자의 관심을 끌지 못하면 아이는 결국 희망을 잃는다. 그 결과 더 이상 사랑받기를 포기하고 가족을 비롯한 주변 사람에게 고통을 주기 위해 더 크고 더 악한 짓을 더 많이 저지른다.

'역반응 효과'는 아직 세상을 향한 희망이 남아 있을 때 저지르는 '작은 악행'에 관한 이야기다. 대부분의 경우 이러한 작은 악행은 스스로를 갱신하는 기회가 된다. 이런 악행을 저질렀는데도 불구하고 자신이 그릇된 길로 빠지지 않고 잘 살아남아 있음을 깨닫는 순간, 자기 자신과 주변을 새로운 시각으로 바라보면서 목표와 방향을 다시 설정하게 되기 때문이다.

어린아이로 살아보지 못한 사람은 제대로 된 어른이 되지 못한다.

겉만 어른인 아이들은 하루 종일 어른 흉내를 내다가

진이 다 빠진 채 돌아와 지쳐 눕는다.

때로는 길거리에서 아이처럼 울며 엄마를 찾는다.

사정을 알 리 없는 사람은 그 모습을 보고 눈살을 찌푸리거나 조롱하거나

심지어 화를 낸다. 그래서 이들은 마음껏 울지도 못한다.

겉으로는 괜찮은 척 웃으면서 속으로 몰래 서럽게 운다.

누군가 따스한 손을 내밀어 안아줄 때까지, 이들의 눈물은 마르지 않는다.

누가 이들에게 따스한 손을 내밀어 줄까. 누가 이들을 위로할까.

진정으로 이들을 품고 보듬어줄 사람은 나 자신밖에 없다.

마침내 어른이 된, 바로 나 자신밖에.

퇴화 효과

현실의 어른 나이와 맞지 않는
어린아이의

마음에 머물다

외국의 한 정신과 의사가 자살 충동에 시달리는 여성을 상담하게 되었다. 그녀는 이미 자살 미수로 입원한 상태였다.

상담을 시작한 지 일주일째 되던 날, 그녀가 의사에게 말했다.

"지금 당장 옥상으로 가서 뛰어내릴 테니까 선생님이 1층에 내려가서 저 좀 받아주세요."

의사는 속으로 생각했다.

'설마 내가 진짜 그 말을 믿고 따를 거라고 생각하는 거야? 나를 바보로 아나!'

그러나 다음 순간, 여자는 정말로 자리를 박차고 나가 옥상으로 올라갔다. 눈 깜짝할 사이에 벌어진 일이었다. 의사가 깜짝 놀라 황급히

뒤따라갔지만 그녀는 이미 옥상 끝에 다다라 있었다.

"어서 1층으로 가세요! 제가 뛰어내리면 받아주셔야 해요!"

일촉즉발의 상황이었다. 의사는 어쩔 수 없이 1층으로 뛰어 내려갔다. 그리고 옥상을 향해 양팔을 활짝 펼치고 소리쳤다.

"좋아요, 받아줄게요!"

그와 동시에 그는 눈을 꽉 감았다. 반쯤 자포자기한 심정이었다. 이후에 어떤 상황이 벌어지든 차마 눈을 뜨고 볼 용기가 나지 않았다.

한참을 기다려도 아무 일도 일어나지 않았다. 주변은 고요하기만 했다. 의사가 설핏 눈을 떠 옥상을 봤을 때 여자는 이미 스스로 옥상에서 내려간 뒤였다. 병실로 찾아온 의사에게 그녀가 말했다.

"방금 절 받아주신 것으로 생각할게요."

의사는 저도 모르게 안도의 한숨을 내쉬었다.

하지만 다음 상담 시간에 더욱 당황스러운 일이 벌어졌다. 여자가 의사에게 젖병을 내밀며 이렇게 말한 것이다.

"선생님, 저는 지금 아기예요. 우유를 먹여 키워주세요."

의사는 할 말을 잃은 채 여자를 바라봤다. 실로 난감한 상황이었다. 하지만 이번에도 별 도리가 없었다. 그는 어쩔 수 없이 젖병으로 곧 서른 살이 다 되어가는 '아기'에게 우유를 먹여주었다.

우유 한 병을 다 마시고 그녀가 말했다.

"방금 저를 한 살이 되게 키워주셨어요."

그 후 일주일에 한 번씩 상담할 때마다 의사는 그녀에게 우유를 먹여주었고, 우유를 한 병 마실 때마다 여자는 한 살씩 자라났다.

얼마 후 여자는 퇴원했다.

그녀는 더 이상 자살을 시도하지 않고 잘 살아갔다.

아내는 아픈 게 아니라
단지 덜 자란 부분이 있을 뿐이다

내가 아는 한 부부도 위에 소개한 의사와 환자 관계와 비슷한 사이다. 겉보기에 이들 부부에게는 아무런 문제가 없었다. 그러나 어쩌다 한 번씩 아내가 이성을 잃었다. 평소에는 온화하고 다정했지만 화가 나거나 불안해지면 감정을 주체하지 못하고 난동을 부렸다.

오랜 세월을 함께 해온 남편은 아내에게 어린 시절의 트라우마가 있다는 사실을 알고 있었다. 아내는 어렸을 때 엄마에게 종종 가혹한 벌을 받았다. 벌은 바로 방에 갇혀 굶는 것이었다. 엄마가 방문을 언제 열어줄지 모른 채, 안 열어줄지도 모른다는 두려움 때문에 어린 그녀는 배고픔마저 잊었다. 하지만 벌을 줄 때를 제외하면 엄마는 한없이 다정하고 좋은 사람이었다. 아내는 엄마가 자신의 머리를 부드럽게 쓰다듬으며 따스한 눈빛으로 바라보던 것을 기억했고, 그 순간을 사랑했다.

극단적인 엄마 밑에서 자란 경험은 아내의 마음에 그림자를 드리웠다. 다정하고 온화한 엄마가 언제 무섭게 변할지 몰라 항상 불안할 수밖에 없었다. 어린 시절 마음에 뿌리내린 불안감은 성인이 된 후 감정적인 모습으로 나타났다. 아내는 불안을 느끼면 이내 어찌할 바를 모르는 어린아이로 돌아가 버렸다. 힘든 마음을 어떻게 다루어야 할지 몰라 그저 울거나 소리를 지르며 물건을 던졌다. 심리적 퇴행을 보인 것이다.

다행히 남편은 상처투성이 아내의 마음을 잘 이해해주었다. 아내가 난동을 부리면 눈살을 찌푸리며 피하는 다른 사람들과 달리, 남편은 그녀가 어린 시절 받은 상처를 떠올리며 가슴 아파 했다. 그리고 아내를 억지로 진정시키는 대신 차분히 이렇게 말했다.

"그렇게 해서 기분이 나아진다면 그것도 괜찮지. 어쨌든 난 항상 여기 있을 거야. 걱정하지 마. 난 당신을 절대 떠나지 않아."

그는 말의 힘을 이용해 그녀를 '받아들여' 주었다. 아내가 감정적으로 격해질 때마다 기꺼이 그 모습을 있는 그대로 받아들이고 함께 성장하려 노력했다.

그렇게 이들 부부는 이십여 년을 함께하고 있다.

친구가 그 지옥 같은 세월을 어떻게 견뎌왔느냐고 묻자 남편은 우스갯소리처럼 대답했다.

"내가 지옥이라고 생각하지를 않는데 누가 지옥이래?"

그리고 덧붙였다.

"만약 그게 병이라면 의사를 찾아가야겠지. 하지만 내 아내는 어디 아픈 게 아니라 단지 덜 자란 부분이 있을 뿐이야."

그가 이렇게 확신할 수 있었던 것은 실제로 그간 아내의 정서가 확연히 안정됐기 때문이다. 그의 방법은 분명히 아내에게 효험이 있었다.

이들 부부를 하나로 묶어준 끈은 측은지심과 따스한 정, 바로 그것이었다.

덜 자란 나를 있는 그대로 받아들이고
내면의 아이와 함께 성장하다

오랜 세월 결혼 생활을 유지해온 부부들의 특징을 연구한 결과, 사랑보다 정이 훨씬 더 중요한 역할을 한다는 사실이 밝혀졌다. 정의 가장 중요한 본질은 바로 '세월의 연단'이다. 시간은 우리에게 상대를 자세히 보고 관찰하며 이해할 수 있는 기회를 준다. 현재 자신이 긍정적으로 발전하는 관계에 있는지, 그렇지 않은지를 알려면 다음의 두 가지 질문을 스스로에게 던져보면 된다.

첫째, 엉망진창으로 보이는 관계지만, 다툼 속에서도 그와 내가 긍정적인 목표를 향해 나아가고 있는가?

둘째, 혹은 그 과정에서 스스로를 더욱 잘 이해하고 스스로를 더욱 아끼고 사랑하게 되는가?

인생 초반기에 해당하는 어린 시절에 가족에게, 또는 환경적으로 상처를 받아 마음이 산산이 깨진 아이는 저도 모르게 분노와 우울, 슬픔에 사로잡힌 어른으로 자라난다. 겉은 어른이지만 이들의 내면에는 그때의 그 상처 받은 아이가 조금도 자라지 않은 채 고스란히 남아 있다. 그렇기에 이들에게 필요한 것은 내면의 아이와 함께 성장할 수 있는 시간과 기회다. 특히 감정적인 순간에 자신의 감정을 인정받고 '받아들여진' 경험은 실제 내면의 힘을 기르는 데 결정적인 작용을 한다.

나를 있는 모습 그대로 받아주는 사람을 이미 만났다면 더할 나위 없이 감사한 일이다. 그러나 만나지 못했다 해도 괜찮다. 이 역시 정상이다. 사실 우리 곁에는 이미 나를 잘 이해하고 조건 없이 받아들여줄 사람이 있다. 바로 나 자신이다. 나의 마음속 상처 받은 아이를 보듬으며 함께 성장할 방법과 인내를 배우고 길러야 한다. 그래야 인생의 주도권을 내 손에 쥘 수 있다.

과거에 얻지 못한 심리적 안정감을 얻기 위해
어린 시절의 감정 상태로 되돌아가다

아동정신분석학자 도널드 위니컷의 이론 중 이런 내용이 있다. 아기는 아직 자아와 타아의 개념이 없으며 자신과 타인을 구분하지 못하기 때문에 일종의 착각에 빠진다. 자신이 이 세상을 홀로 창조했다는 착각이다. 이러한 '자기전능감'은 아기가 삶의 감각을 훨씬 집중적으로 느끼고 누릴 수 있게 해준다. 그러다 어느 날인지와 심리가 충분히 성숙해지면 아기는 자신이 누군가에게 의지해야만 살아갈 수 있으며, 또 그 누군가가 줄곧 자신의 생존에 필요한 욕구를 채워줬다는 사실을 깨닫는다. 이러한 깨달음을 통해 아기는 사랑하고 감사하는 능력을 획득해나간다. 그러나 이 시기에 양육자가 과도하게 개입하거나 아기의 욕구를 적절히 만족시켜주지 못하면 착각이 깨진다. 자기전능감의 착각이 깨진 아기는 자신보다 양육자의 기분을 살피기 시작한다. 이에 따라 내면의 본능에 가까운 '진짜 자아'는 점차 위축되고, 어른의 요구에 맞춘 '가짜 자아'가 발달한다. 그 결과 아기는 자신이 실제로 원하는 바가 아닌, 어른이 좋아할 만한 행동을 하게 된다. 이러한 상황이 계속되면 '진짜 자아'가 기능을 잃고 '가짜 자아'가 내면의 중심을 차지하게 되면서 어른이 된 후 인간관계에서 진짜 감정을 있는 그대로 느끼고 수용하는 데 어려움을 겪는다. '퇴화 효과'는 위니컷의 이론을 바탕으로 친밀 관계에서의 감정적, 심리적 퇴행 현상을 다룬 것이다.

나는 스스로 완벽하다고 생각했다.

하지만 너를 만나고, 비로소 내게도 완벽하지 않은 부분이 숨어 있음을 깨달았다.

그것은 원래부터 거기 있었지만 내가 그 존재를 알아챈 이후에는

영원히 그곳에 박제되어버렸다.

박제된 불완전함은 끊임없이 내게 말한다.

너는 원래부터 완벽히 좋은 사람이 아니야.

비록 완벽히 좋은 사람은 아니지만,

그래도 여전히 충분히 좋은 삶을 살아가는 법을 배워야 해.

얼룩 효과

잘못도 아닌 것에
자신을 탓하며

자신을 벌하다

나는 동성연애에 대한 시선이 심히 곱지 않던 시절에 대학을 다녔다. 그때 우연하게 남성 동성애자 무리와 친구가 되었다.

그들은 모두 똑똑한 데다 외모도 특출나게 뛰어났다. 그 덕에 어딜 가든 눈길을 끌었다. 시쳇말로 '훈남 군단'이랄까. 두뇌와 용모를 전부 갖춘 그들과 함께 있으면 어쩐지 나 자신이 초라하게 느껴질 정도였다.

하지만 친해지면서 조금씩 속이야기를 나누어보니, 무엇 하나 부족한 게 없어 보이는 그들에게도 아픈 곳이 많았다. 특히 그렇게 잘났으면서도 스스로를 자랑스럽게 여기지 못하고 낮은 자존감 문제로 시달리고 있어서 놀라웠다.

하루는 여럿이 모여 이야기하다가 한 친구가 고백하듯 말했다. 남성

사진집을 보다가 어머니에게 들켰다는 것이다.

"그런 변태 같은 것은 보지 마라."

어머니는 얼음장처럼 차가운 얼굴로 이렇게 말했다. 그는 순간 울컥해서 물었다.

"만약 제가 이게 좋아서 본다면 어쩌실 건데요?"

잠시 침묵하던 어머니의 입에서 짓눌린 듯한 목소리가 새어 나왔다.

"그럼 네 눈앞에서 내가 죽는 꼴을 봐야 할 게다."

그 후 얼마 되지 않아 그의 어머니는 우울증으로 정신병원에 입원까지 했다. 그는 이 모든 게 자기 잘못인 것 같다는 말을 마지막으로 입을 꾹 다물었다.

정적이 무겁게 내려앉았다. 누군가는 미간을 잔뜩 찌푸리고 있었고, 누군가는 손마디가 하얗게 될 정도로 두 손을 꽉 맞잡고 있었다. 그러다 누군가 침묵을 깨고 자기 이야기를 시작했다. 비슷한 흐름의 또 다른 가슴 아픈 사연이었다. 그날 그들의 이야기를 듣는 내내 나는 어떤 이가 해변에서 모래를 한 움큼 집어 자기 몸에 문질러대는 모습이 떠올랐다. 그들은 모두 자기 몸에 묻은, 어떻게 해도 깨끗이 지울 수 없는 더러운 무언가를 지우려고 거친 모래로 자기 피부를 피가 나도록 문지르는 사람 같았다.

"지울 수가 없어. 어떻게 해도 지워낼 수가 없다고."

그들이 말했다. 자기 몸의 얼룩을 가리기 위해 다른 것들을 열심히 할 수밖에 없다고도 했다. 성적이 좋은 것도, 잘 꾸미는 것도 모두 태어나면서부터 오점을 가진 자신을 감추기 위해서라고 했다.

이들의 이야기는 특정 집단의 특별한 속성일까, 아니면 집단적 심리에서 흔히 볼 수 있는 심리 상태일까?

'얼룩'은 진짜 잘못된 것일까,
굳이 가려야 할 자국일까

"너 어렸을 때 콤플렉스 같은 거 있었어?"

나는 위와 같은 의문이 들자마자 곁에 앉은 친구에게 이렇게 물었다.

"당연히 있었지!"

그는 일 초도 망설이지 않고 대답했다.

"어떤 거?"

솔직히 내심 놀랐다. 내가 보기에는 무엇 하나 부족한 데가 없는데 콤플렉스가 있을 줄이야.

"머리통이 크잖아."

그는 웃음기 하나 없이 진지하게 말했다.

그러고 보니 막 친해졌을 무렵, 재미삼아 던진 '머리 크다'는 농담에 그는 펄쩍 뛰며 질색했었다. 그런데 그게 정말 콤플렉스였다니. 그는 담담하게 어릴 적 이야기를 꺼내놓았다.

그는 어려서부터 거울 보기를 싫어했다. 얼굴은 잘생겼지만 머리가 크고 몸이 말라서 전체적으로 보면 비율이 맞지 않았기 때문이다. 게다가 피부가 워낙 햇볕에 잘 타는 탓에 늘 까무잡잡해서 더욱 볼품이 없었다. 그것만으로도 자신감이 바닥인데, 하필 집안에 꼭 그를 지목해 놀리는 친척 어른까지 있었다. 친척 어른은 그의 어려운 가정 형편까지 끌어다 대며 '쓸모없는 놈'이라 조롱했고, 심지어 나중에는 "일자리 못 찾으면 우리 집에 와서 우리 애 뒤치다꺼리 좀 해줘"라는 말까지 서슴지 않았다.

신체적 특징은 어떻게 해도 씻어버릴 수가 없다. 표백제를 들이붓는다고 피부가 하얗게 변하지 않는 것과 마찬가지다. 그는 자신의 타고난 얼룩과 함께 잔뜩 위축되어 살았지만 자기 인생을 포기하지는 않았다. 언젠가부터 그는 시간과 노력을 들여 운동하며 몸을 키웠다. 근육이 붙고 어깨가 넓어지자 점차 머리와 몸의 비율이 맞아졌다. 더 이상 성냥개비니 면봉이니 하는 소리도 듣지 않게 되었다. 다음으로 그는 책을 끼고 살다시피 하며 내면을 채웠다. 그러자 조금씩 자신감이 생겼다. 더 중요한 것은 그가 더 이상 다른 사람의 조롱하는 시선에 위축되지 않는다는 점이었다. 남을 비웃고 조롱하는 사람이야말로 자신이 쓸모없는 존재가 될까 봐 두려워한다는 사실을, 그는 점차 깨닫게 되었다.

나에게도 타고난 얼룩이 있다. 아마 누구나 있을 것이다. 그러나 얼룩을 타고났다고 해서 내가 잘못한 것은 아니다. 잘못한 사람은 벌을 받아야 하지만, 얼룩이 있는 사람은 잘 가리는 법을 배우면 그만이다. 얼룩을 가리는 것도 얼룩이 나빠서가 아니다. 다만 자신감을 가지고 살아갈 힘을 좀 더 얻기 위해서다.

그리고 언젠가 우리는 한때 나를 위축되게 만들었던 그 얼룩이 실은 아무것도 아니라는 점을 깨닫게 될 것이다. 굳이 가릴 필요도 없고, 오히려 얼룩 때문에 더 특별한 사람이 될 수도 있다는 사실을 알게 될 것이다. 이 사회 역시 과거에 얼룩이라고 낙인찍었던 것들을 좀 더 개방적인 태도로 받아들이는 날이 반드시 올 것이다.

얼마 전 페이스북을 통해 그때 그 친구들과 연락이 닿았다. 수년 만이었다. 그들의 프로필에는 사랑하는 남자와 함께 찍은 사진이 올려져 있었다. 우리들이 서로 속내를 주고받았던 십오 년 전만 해도 감히 상상조차 할 수 없는 일이었다. 나는 그 사진들을 보며 진심으로 그들의 행복을 빌었다.

아무리 힘들고 어렵더라도 언젠가는 인정해야 한다.
누구나 자기 인생밖에 감당하지 못한다는 사실을.

바꿀 수 없는 타고난 특징을 감추려고
과도하게 포장하고 존재하지 않는 것처럼 꾸미다

정신분석학자 하인즈 코헛Heinz Kohut은 '자기애narcissism' 탐구 분야에서 걸출한 업적을 남겼다. 코헛에 따르면 사람은 누구나 어린 시절 자기애적 상태를 경험한다. 스스로 무소불능하다고 여기는 것으로 영아 시기의 자기전능감과 비슷하다. 그러나 성장하면서 환경에 부딪치고 좌절을 겪으면서 우리 내면의 자기애는 끊임없이 충격을 받는다. 이때 이러한 충격을 올바르게 처리하지 못하면 다양한 심리 문제를 겪을 수 있다.

'얼룩 효과'란 자기애가 공격받는 와중에도 스스로를 긍정하고 충격을 극복하는 방법에 대해 다룬 것이다.

몸이 아픈 사람은 동정을 받지만, 마음이 아픈 사람은 비웃음거리가 된다.

그렇기에 돌보아야 할 것은 마음뿐, 몸은 망가져도 상관없다.

뒤틀린 마음만 숨길 수 있다면.

그 정도 대가는 얼마든지 치를 수 있다.

신체화 효과

마음은 강한 척하고
대신

몸이 비명을 지르다

하반신 마비는 갑작스럽게 찾아왔다. 그녀는 즉시 병원으로 옮겨져 정밀검사를 받았지만 결과는 '원인 불명'이었다. 신체적 기능에는 아무런 문제가 없었다. 그렇다면 추측할 수 있는 것은 하나, 심인성 원인이었다.

 그녀는 내게 인도됐다. 우리는 상담자와 내담자로 만났다. 기나긴 대화가 시작됐다.

 처음 만났을 때 그녀는 여전히 거동이 불편했다. 그런데 하필 그녀가 오겠다고 한 시간이 상담이 몰리는 시간대여서 이미 상담실이 다 찬 상태였다. 남은 곳이라고는 맨 위층 작은 방뿐이었다. 낮은 건물이라 엘리베이터도 없었다. 결국 장정 두 명이 양옆에서 그녀를 부축하고 올라와 준 덕에 우리는 겨우 상담을 시작할 수 있었다.

햇살이 눈부신 날이었다. 커다란 창밖 아름드리나무의 초록빛이 그녀의 옆얼굴을 물들였다. 나는 그녀의 고운 얼굴을 가만히 바라보다 시선을 아래로 향했다. 칙칙한 색의 두툼한 담요가 마치 빛을 차단하듯 그녀의 다리를 덮고 있었다.

감정은
삶을 휘두르는 힘이다

첫 상담에서 내가 가장 중요하게 생각하는 것은 내담자의 인간관계를 파악하는 일이다. 인간관계에 은밀하게 숨겨진 좌절감을 파악하면 과거의 상처나 더 깊이 숨겨진 삶의 문제를 끌어낼 수 있다고 믿기 때문이다. 그래서 그녀와의 첫 상담에서도 주변 사람과 어떤 관계를 맺고 있는지 파악하는 데 시간을 거의 다 썼다.

대화를 나누며 받은 인상은 그녀가 참 순종적이고 고분고분한 아가씨라는 것이었다. 그랬다. 그녀는 지나칠 정도로 상대를 배려했다. 좋게 말해 배려지, 사실상 끊임없이 눈치를 봤다. 예민하기도 엄청 예민했다. 화목하지 못한 가정에서 가족의 평화를 지키기 위해 부모의 비위를 맞추려 애쓰는 자녀의 전형적인 모습이었다.

물론 가정 상황이 나빠도 부모가 자신의 감정을 적절히 조절하며,

자녀의 순종적인 모습 뒤에 숨겨진 불안과 상처를 깨닫고 그 감정을 해소할 수 있도록 도와준다면 자녀에게 심각한 심리 문제는 생기지 않는다. 그러나 안타깝게도 내 눈앞의 그녀는 그런 기회가 없었던 것 같았다. 아니면 자신의 나약함을 음울함으로 포장해서 가족이 알지 못하게 했든가, 아니면 가족을 지나치게 사랑한 나머지 그들에게 상처가 될까 봐 진짜 속마음을 숨긴 듯했다.

여기까지 분석한 뒤 나는 그녀에게 이렇게 말했다.

"지금까지 대화하면서 느낀 걸 먼저 말씀드릴게요. 가정에서 정말 많은 상처를 받으신 것 같아요. 그런데 무슨 이유에서인지 그 감정을 한 번도 제대로 표현하지 못했네요. 자신이 진짜 하고 싶은 말은 한 마디도 못 하고, 늘 부모님이 듣고 싶어 하는 말만 했고요. 당신은 스스로를 억울하게 만들고 있어요. 그리고 지금 그 억울함을 다리가 대신 표출하고 있는 게 아닌가 싶네요."

나는 그녀가 내 말을 듣고 울 것이라 예상했다. 그녀의 상황을 제대로 파악했다는 확신도 있었고, 나름대로는 상당히 이입해서 그녀의 입장에서 이야기했기 때문이다. 선생님, 제 마음을 어쩜 그리 잘 아세요, 엉엉엉. 그렇게 한바탕 울고 난 뒤 속에 담아두었던 불만과 불안, 좌절이 봇물 터지듯 쏟아져 나오겠거니 했다.

하지만 그녀는 울지 않았다. 눈물 한 방울 흘리지 않았다. 울기는커녕 눈을 커다랗게 뜨고 강경하게 소리쳤다.

"절대 그렇지 않아요!"

그러더니 갑자기 자리를 박차고 일어나 격앙된 어투로 다시 한번 크게 외쳤다.

"난 그렇게 나약하지 않다고요!"

순간 우리 둘 다 깜짝 놀라고 말았다. 제대로 걷지 못해서 부축을 받아 상담실에 들어온 지 겨우 한 시간 만에 혼자 힘으로 벌떡 일어선 것이다. 그날 상담이 끝난 뒤, 그녀는 걸어서 스스로 계단을 내려갔다.

몸의 건강을 챙기듯이
마음을 수시로 돌보다

한동안 밀도 있는 상담을 한 뒤에야 비로소 그녀와 그날 일을 이야기할 기회가 생겼다. 그녀는 자신에게 신체적 증상이 나타날 때마다 몸 아닌 마음 탓이라고 할까 봐 늘 걱정이었다고 했다.

"심인성 원인이라고 해버리면 제가 꼭 꾀병을 부린 것 같잖아요. 아니면 정신병자든가."

그럴 바에는 차라리 불치병에 걸렸다고 하는 편이 훨씬 나을 것 같다고 덧붙였다.

그렇다면 실제로 그녀는 꾀병을 부렸을까? 사람들의 동정을 얻기 위해 증상을 꾸며냈을까? 아니었다. 그녀가 꾸며내려고 노력한 것은 단 하나, 모두에게 인정받는 착한 아이가 되는 일뿐이었다.

심리학과 정신분석학이 보편화된 요즘에도 여전히 마음의 힘을 무시하는 사람이 많다. 전체적인 사회 분위기가 이런 상황에서는 어느 누구도 자기 감정을 정면으로 보기 힘들다. 또한 감정이라는 추상적 존재가 실제 생활을 얼마든지 좌지우지할 수 있다는 사실도 간과되기 십상이다. 그 탓에 자기 감정을 솔직히 인정하고 받아들이면 나약한 것이므로, 감정을 무시하고 휘둘리지 말아야 한다는 오해가 널리 퍼졌다. 아픈 몸보다 아픈 마음이 훨씬 더 큰 흠인 시대가 된 것이다.

하지만 마음에도 병들 권리가 있다. 우리는 이 사실을 인정해야 한다. 꼭 몸에 죽을병이 들어야만 쉴 수 있는 것은 아니다. 자신의 마음을 솔직히 돌아보고 돌보는 사람이야말로 진짜 용기 있는 사람이다.

우리 곁에는 이미 나를 잘 이해하고 조건 없이
받아들여 줄 사람이 있다. 바로 나 자신이다.

나약하고 부정적인 감정을 마음이 도저히
받아들일 수 없으면 몸이 대신 받아들여서 보여주다

———————

이처럼 마음 대신 몸이 받아들여서 보여주는 '신체화 효과'는 정신병리에서 말하는 신체화 장애Somatization disorder나 인위장애Factitious disorder와 엄연히 다르다. 그보다는 프로이트가 말한 심리 방어기제의 하나인 합리화rationalization에 더 가깝다. 자기 내면의 부정적 감정을 받아들일 수 없을 때 신체적 증상이나 통증을 느낌으로써 심리적 불편함을 합리화하는 것이다.

잊고 싶지만 감히 잊을 수 없는 기억, 끝내 파쇄기에 넣지 못한 기억이 있다.

웅웅웅, 웅웅웅.

사라지지 않는 기억은 머릿속을 맴돌며 끊임없이 소리를 낸다.

그래서 나는 파쇄기에 내 귀를 넣어버렸다.

부인 효과

고통을 잊기 위해
상처를

부인하다

아버지가 떠난 후 그녀는 엄마와 단둘이 살았다. 엄마는 간호사라 자주 당직 근무를 했고, 한창 바쁠 때는 낮밤이 뒤바뀌기 일쑤였다. 그래서 그녀는 엄마와 오붓이 함께할 기회가 거의 없었다.

그날은 주말이었고, 마침 엄마의 생일이었다. 엄마는 근무 시간을 조정해 밤이 되기 전 집에 돌아올 예정이었다. 그녀는 낮 동안 자신을 돌봐주던 이웃 아주머니에게 엄마의 퇴근길에 있는 편의점에 데려다 달라고 부탁했다. 그리고 그곳에서 엄마가 오기를 기다렸다. 아무것도 모르고 집에 오던 엄마는 그녀가 편의점에서 뛰어나오자 깜짝 놀라면서도 기뻐하며 그녀를 꼭 안아주었다. 모녀는 다정히 손을 잡고 일부러 멀리 길을 돌아갔다. 도중에 포장마차에서 뜨끈한 국수를 먹으며 신나게 수다를 떨기도 했다. 마침내 집으로 향한 때는 자정이 다 된 시간이었다. 아직 어렸던 그녀는 연신 하품을 했지만 엄마와 함께 있는 시간이 흘러가는 게 아쉬워서 일부러 느리게 걸었다.

모녀는 좁은 골목길로 들어섰다. 짧고 어두운 골목을 지나 오른쪽으로 돌면 곧 집이었다. 골목길로 몇 걸음 들어갔을 때, 웬 검은 그림자가 튀어나와 모녀의 앞을 가로막았다. 복면을 쓴 괴한이었다. 손에는 칼이 들려 있었고, 눈은 오랫동안 굶주린 야수처럼 흉포하게 번득였다.

잊고 싶지만
차마 잊을 수 없는 기억

"있는 돈 다 내놔."

괴한이 으르렁댔다. 어둠 속에서도 기다란 칼날이 서늘하게 번쩍였다.

엄마는 그녀를 끌어당겨 품에 안는 동시에 들고 있던 가방을 던졌다. 그가 가방을 줍느라 잠시 허리를 숙인 사이, 엄마는 그녀의 귓가에 속삭였다.

"빨리 도망쳐!"

그와 동시에 어린 딸의 등을 힘껏 밀었다.

하지만 그녀는 어렸고 달리기도 잘하지 못했다. 게다가 너무 놀라고 겁이 난 나머지 다리가 후들거려 제대로 걷지도 못했다. 결국 채 몇 걸음도 가기 전에 괴한이 번개같이 몸을 일으키며 그녀에게 손을 뻗었다. 그 순간, 엄마가 온몸으로 막아서며 그녀를 골목 입구로 떠밀었다. 길을 가로막힌 괴한은 순간 이성을 잃고 오른손을 치켜들었다. 칼이 엄마의 등을 파고들었다.

"도망쳐 ……!"

엄마가 쓰러지기 전, 그녀가 들은 마지막 말이었다.

괴한은 일을 저지르자마자 도망쳐버렸다. 그녀는 비명을 지르며 엄마가 가리킨 대로 어두운 골목을 빠져나가 불 켜진 가게로 달려갔다. 경찰이 금세 현장에 도착했고, 엄마도 즉시 병원으로 이송됐지만 구급차 안에서부터 이미 의식이 없었다. 그녀는 곁에 앉아 엄마를 부르며 끅끅 울었다.

엄마는 그렇게 세상을 떠났다. 그녀가 겨우 열 살 되던 해의 일이었다.

가까운 친척이 그녀를 입양했다. 시간은 어김없이 흘러갔고, 그녀도 훌쩍 자랐다. 그 일은 이미 잊은 듯했다. 엄마 이야기를 꺼내지도 않았다. 그러자 어른들은 그녀가 다 극복했다고 지레짐작했다.

그녀는 열다섯 살에 간호사 전문학교에 진학했다. 엄마처럼 간호사가 되기 위해서였다. 그런데 열아홉 살이 되던 해, 졸업을 코앞에 두고 착실하던 그녀가 이상해졌다. 갑자기 화려한 옷을 입고 진하게 화장을 하기 시작한 것이다. 이를 이상하게 여긴 선생님이 그녀를 추궁했고, 결국 그녀가 원조교제를 하고 있음을 밝혀냈다.

"대체 무슨 생각을 하는 거니?"

그녀를 입양한 친척 아주머니가 절망적인 어조로 다그쳐 물었다. 학교에서 연락을 받자마자 그녀를 잡아 앉힌 길이었다.

"엄마는 너 살리려고 목숨까지 바쳤는데, 네 인생을 소중하게 생각해야지. 어떻게 그런 짓을 해?"

"누가 그러라고 했대요? 낳기만 하면 엄마예요? 나 혼자 두고 죽어버렸는데? 내가 이렇게 된 건 다 엄마 탓이에요, 엄마 탓이라고요!"

그녀는 격분해서 소리 질렀다. 말이 끝나기가 무섭게 친척 아주머니가 그녀의 뺨을 올려붙였다.

어떤 감정은
존재하는 것만으로도 엄청난 고통이 되다

그 후로 벌써 십여 년이 흘렀다. 당시 나는 그녀의 행동을 이해할 수가 없었다. 어린 시절의 그녀는 누구보다도 착하고 온순한 아이였다. 엄마의 불행한 죽음으로 말 못 할 상처를 받았다는 것은 알지만 그래도 이런 반응은 이해하기 어려웠다. 나뿐 아니라 그녀의 친구들도, 집안 어른들도, 아마 그녀 자신조차 그랬을 것이다.

우리 인생에 벌어지는 수많은 일 중 어떤 것은 아주 오랜 세월이 흐른 뒤에야 의미를 깨닫게 된다. 이 일도 마찬가지였다. 지난 십여 년간 수많은 상담을 하면서 '감정'의 본질을 더욱 깊이 깨닫고 난 뒤, 나는 비로소 그때 그녀가 어떤 상태였는지 이해할 수 있었다. 아마 당시에 그녀는 층층이 쌓이고 얽힌 복잡한 감정, 그림자 위에 그림자가 더해지는 캄캄한 고통에 사로잡혀 있었던 것이 분명했다.

객관적으로 보면 엄마의 죽음은 그녀의 잘못이 아니었다. 따지자면 서로 전혀 상관없는 사람들을 한자리에서 마주치게 한 운명의 잘못이었다. 자기 인생의 문제를 해결하지 못하고 가장 최악의 방식으로 남의 인생에 끼어든 괴한의 잘못이었다. 그중 어디에도 그녀의 잘못은 없었다.

그러나 주관적으로 보면 엄마의 죽음은 그녀의 잘못 같았다. 만약 그녀가 그날 편의점에서 엄마를 기다리지 않았더라면, 엄마를 만나 국수를 먹지 않았더라면, 조금만 더 일찍 집에 갔더라면, 조금만 빨리 달렸더라면 ……. 확인할 길 없는 가정과 죄책감이 꼬리에 꼬리를 물다 보면 어느새 엄마의 죽음은 그녀의 잘못이 되어 있었다.

끝없이 자신을 덮치는 자책감에서 벗어나기 위해 그녀는 뭐든 해야만 했다. 최소한 엄마의 죽음을 자신의 잘못으로 느끼지 않는 척이라도 해야 했다. 그녀는 순순히 입양을 받아들였고 고분고분히 공부했다. 그러나 주관에서 비롯된 자책감은 그녀를 쉽게 놓아주지 않았다. 자신이 엄마를 죽게 했다고 생각하지 않으려면 그보다 강한 무언가를 더 많이 해야 했다. 그래서 그녀는 엄마를 미워하고 자기 인생을 방관하기 시작했다. 부인하는 방어적인 마음이 결국 병이 되고 만 셈이다.

어떤 감정과 생각은 존재하는 것만으로도 엄청난 고통을 준다. 그래서 우리는 그 감정과 생각이 자신의 것이 아님을 스스로에게 증명하기 위해 지나칠 정도로 애쓴다. 현실적으로 이미 벌어진 일은 돌이킬 수 없지만 노력하면 마치 그 일이 벌어지지 않은 것처럼 마음을 속일 수는 있기 때문이다. 하지만 어떤 경험이 주는 고통은 너무도 크고 깊어서, 잊은 척하려면 상상을 뛰어넘는 극한의 힘을 써야만 한다. 그래서 평소 생각도 하지 못했던 탈선행위를 하거나 술이나 마약처럼 현실을 잊게 해주는 무언가에 기댄다. 자신의 진짜 감정에서 도망칠 수만 있다면 뭐든 좋은 것이다.

이러한 이치를 깨닫자 갑자기 그녀를 만나고 싶어졌다.

그녀는 연락을 받자마자 기다렸다는 듯 나를 만나러 왔다. 비 그친 어느 오후였다. 간호사가 된 그녀의 얼굴에는 세월의 풍상이 고스란히 새겨져 있었다. 소소하게 사는 이야기를 나누다가 지나치듯, 그때 그 일을 생각하면 아직도 자신이 원망스러우냐고 물었다. 그녀는 아무 말도 하지 않았다. 하지만 곧 구슬 같은 눈물을 뚝뚝 떨어뜨렸다. 한번 시작된 울음은 좀처럼 그치지 않았다. 우리는 더 이상 아무 말도 하지 않았다.

그것으로 충분했다.

그 감정이 내 것이 아님을 증명하기 위해,

우리는 지나치게 많은 힘을 쓴다.

내적 불안을 낮추기 위해 과장되고 자기 파괴적 행동으로
상처와 죄책감 등의 진짜 감정을 감추다

정신분석학 측면에서 볼 때 '부인denial'은 내적 불안을 낮추기 위한 심리 방어기제다.

'부인 효과'는 이러한 정신분석학적 개념에 기초를 두고 비이성적인 행동을 통해 잊고 싶지만 잊을 수 없는 경험을 부정하는 현상을 중점적으로 다룬 것이다.

내
감
정
과
의
대
화

지금 분명히 문제가 있다는 것을 알지만 변할 수가 없다.

변하고 싶지 않아서가 아니라 두려워서다.

변하면 나는 더 나아질지 몰라도 대신 다른 사람이 불행해질 것이다.

행복에는 정해진 양이 있다.

내가 행복해지려면 그만큼 다른 이의 행복을 빼앗아야 한다.

그런 위험을 감수하느니, 차라리 지금을 유지하는 편이 낫지 않을까.

사랑하는 사람이 불행해지는 모습을 보느니,

차라리 변하지 않는 게 좋지 않을까.

현상 유지 효과

변화를 거부하고
고통스러운

현 상황을 유지하다

아직도 종종 그녀가 생각난다. 도자기처럼 매끈한 흰 얼굴과 기다란 목, 그 아래 잔뜩 굳어진 어깨. 상담하는 내내 그녀는 같은 표정, 같은 자세였다. 생기라고는 찾아볼 수 없는 쇼윈도 안의 마네킹 같았다. 아름다웠지만 진짜 사람이라기보다 잘 만든 밀랍 인형 같았다.

　그녀는 폭식증 환자였다. 허리가 한 줌밖에 되지 않으면서 앉은자리에서 피자 몇 판과 콜라 한 병을 먹어치웠다. 누가 봐도 깜짝 놀랄 광경이지만 가장 놀란 사람은 자신이었다. 그래서 그렇게 정신없이 먹고 나면 정해진 수순처럼 양변기를 붙들고 억지로 음식물을 모두 토해냈다. 위산이 역류해 식도가 타고 입가 피부가 헐었지만 토하기를 멈출 수는 없었다. 그래야 마음의 죄책감이 조금이나마 덜해졌기 때문이다.

그녀를 낫게 하려면 가족 상담이 필수적이라는 판단하에 나는 그녀의 어머니와 남동생을 상담 자리에 불렀다. 아버지는 없었다. 그녀가 유치원생일 때 이혼했다고 했다. 어머니는 목소리와 몸집이 모두 큰 여자였다. 한눈에 봐도 위압감이 느껴지고 성격도 만만치 않아 보였다. 안경 너머의 눈은 화가 나지 않은 때에도 화가 난 것처럼 번득였다. 남동생은 대학에 들어가자마자 집을 나가 독립했고 일 년 넘게 가족과 소통이 뜸한 상태였다.

어렵게 세 사람 모두와 상담하는 날, 의자 세 개를 나란히 놓았는데 웬일로 그녀가 나서서 먼저 가운데 자리를 차지하고 앉았다. 어머니와 남동생은 각각 그녀의 양옆에 앉았다. 이렇게 세 사람이 한자리에 모인 것이 꽤 오랜만이라고 했다. 그런데 분위기가 험상궂게 변하는 데는 단 삼 분밖에 걸리지 않았다. 어머니와 남동생이 사사건건 부딪치기 시작한 것이다. 어머니는 대학에 들어가자마자 독립한 남동생이 못마땅했는지 대놓고 비난하며 말끝마다 조롱을 덧붙였다. 남동생 역시 지지 않고 한 마디 한 마디 전부 맞받아쳤다. 어머니 못지않게 불같은 성격이었다. 얼굴에는 어머니를 향한 경멸과 무시가 뚜렷이 떠올라 있었다.

가운데 앉은 그녀는 일종의 완충 지대 같았다. 왼편에 있는 엄마가 '쟤한테 이렇게 말 좀 전해라'라고 하면 오른편의 동생이 '이렇게 대답해'라고 하는 식이었다. 둘이서 직접 말을 섞기 시작하면 육탄전이 벌어질까 봐 걱정해서 그랬는지는 몰라도 제3자가 보기에는 그녀가 너무도 딱했다. 그렇게 몇십 분쯤 설전이 벌어지는 동안 안 그래도 창백한 얼굴이 더욱 하얗게 질리고 어깨가 딱딱하게 굳어졌다. 의자 끝에 엉덩이만 겨우 걸친 모습을 보며 이제 곧 자리를 박차고 나가려나 싶었지만 내 예상과 달리 그녀는 끝까지 그 자리를 지켰다. 아니, 그 악다구니판에서 벗어나겠다는 의지조차 없어 보였다.

숨도 제대로 못 쉴 만큼 고통스러우면서도
끝까지 자리를 지킨 이유

그녀는 왜 도망치지 않았을까? 나는 그 점에 주목했다. 나였다면 이런 불편한 상황을 단 몇 분도 견디지 못했을 터였다. 그러나 그녀는 양쪽에서 독을 퍼붓는 두 사람을 묵묵히 견디며 조금도 흔들리지 않고 가운데에 끝까지 앉아 있었다. 짜증이나 화를 내지도 않았다.

　나는 일단 어머니와 남동생에게 잠시 멈추라고 일렀다. 그런 뒤 그녀를 가운데 자리에서 일어나 어머니와 자리를 바꾸게 했다. 단, 의자를 뒤로 몇 센티미터쯤 옮겨서 앉으라고 주문했다. 결과적으로 그녀가 약간 뒤에서 어머니와 동생을 보는 구도가 만들어졌다. 다음으로 그녀에게 어깨를 좀 늘어뜨리라고 했다. 의식적으로 어깨의 힘을 빼서 긴장을 완화하기 위해서였다. 일단 어머니와 남동생 사이에서 벗어난 것만으로도 어느 정도 긴장이 풀렸는지, 그녀의 표정이 한결 나아졌다. 또한 거기서 그치지 않고 조금씩 자신의 의견을 표현하기 시작했다. 심지어 어머니와 남동생 사이에 어떤 문제가 있는지 조곤조곤 말도 했다.

문득 이런 생각이 들었다. 어쩌면 그녀는 가족이 무너지는 것을 막으려고 혼자서 애쓰다가 폭식과 우울증이 온 게 아닐까?

그냥 하는 생각이 아니었다. 실제로 이를 뒷받침할 만한 심리학 연구 결과도 있다. 한 가족의 구성원들은 상호 작용과 상호 이해를 거쳐 각자 자신이 가정에서 맡아야 할 역할을 찾는다. 부모와 두 자녀로 구성된 가족을 예로 들어보자. 만약 자녀 중 하나가 자꾸 밖으로 돌면서 문제아 짓을 하면 다른 자녀는 무의식적으로 부모 곁을 지키며 착한 아이 노릇을 한다. 이런 상황이 계속되면 가정 내에 나름의 규칙과 균형이 생긴다. 한 사람은 계속 제 마음대로 하며 자유를 누리고, 한 사람은 거기서 초래된 고통을 책임지는 식이다. 이렇게 각자 자신이 맡은 역할을 계속 따르다 보면 결국 변하지 않는 틀이 생겨난다.

문제는 이 틀이 가정을 유지하는 데는 효과적인지 몰라도 공평한 역할 분배가 이뤄지지 않는다는 점이다. 힘든 사람만 계속 힘들고, 책임지던 사람만 계속 책임지게 되니 꽤 불공평한 셈이다. 그런데 이상하게도 일단 틀이 굳어지면 가족 구성원 중 누구도 그 틀을 바꾸려 하지 않는다. 모두가 불만을 느껴도, 심지어 가장 고통스러운 역할을 맡은 사람마저 끝까지 틀을 유지하려 한다. 마치 현 상황을 유지하는 것이 최선이며 변화보다 두려운 일은 없다고, 가족 모두가 무의식중에 암묵적으로 합의한 것만 같다. 그녀가 숨도 제대로 못 쉴 만큼 고통스러우면서도 끝까지 가운데 자리를 지킨 것도 다 이 때문이었다.

나는 그녀에게 내가 분석한 내용을 들려준 뒤, 자신이 여태껏 이런 방식으로 가정을 지키는 역할을 해왔다는 사실을 알고 있느냐고 물었다. 또 만약 이 역할에서 벗어날 수 있다면, 다시 말해 모든 것을 내려놓고 자신이 원하는 삶을 살 수 있게 된다면 어떨 것 같으냐고 물었다. 그리고 마지막으로 그녀가 걱정하는 일이 무엇인지 구체적으로 말해보라고 했다.

그녀의 눈가가 붉게 물들었다. 이내 시선이 어머니를 향했다. 딸이 자신을 바라보자 어머니가 눈을 부라렸다.

"왜 나를 봐? 내가 널 잡아뒀니? 나가고 싶으면 나가라고 했잖아!"

"누나가 겁나서 어떻게 나가요? 누나까지 집을 나가면 엄마가 죽어버릴 텐데!"

남동생이 대뜸 소리쳤다. 모자는 또다시 싸우기 시작했다.

인생에는
가능성이라는 문이 항상 열려 있다

알고 보니 그녀의 어머니는 남편에게 버림받은 때부터 지금까지 단 하루도 원망을 그친 날이 없었다. 과거의 일이 떠오를 때마다 술을 퍼마셨고, 술을 마실 때마다 아이들을 때렸고, 아이들을 때릴 때마다 아버지와 닮은 점을 나열하며 욕했다. 특히 이목구비가 아버지를 꼭 닮은 아들에게 자주 폭언을 퍼부었다.

"넌 어쩜 네 애비를 그렇게 닮았니? 그 양심 없는 남자와 왜 그리 닮았어?"

아들이 도망쳐 나간 이후에는 모든 미움과 원망을 그녀에게 풀었다.

그녀는 무의식적으로 참고 인내했다. 남동생의 말대로 자신마저 도망쳐버리면 혼자 남은 엄마가 어떻게 되어버릴 것 같아 두려웠다. 온 가족이, 심지어 어머니 자신까지도 그 가능성을 충분히 인지하고 있었다. 다만 깊이 생각할 엄두가 나지 않아 줄곧 외면했을 뿐이다. 그래서 남동생은 가족에게서 계속 도망쳤고, 어머니는 계속 술을 마셨으며, 그녀는 계속 가족을 지키려 노력했다. 다들 하던 일을 계속하는 것 외에는 무엇을 해야 할지 알지 못했다. 세 사람 중 어느 누구도 뼈를 찌르고 살을 에는 고통과 원망, 상처를 견디고 이겨내는 법을 알지 못했다.

사실 몇 가지 조언을 해주는 것 외에는 나도 할 수 있는 일이 없었다. 그래서 그녀에게 가운데 자리에서 벗어나 몸과 마음이 쉴 수 있는 여유를 스스로에게 허락하라고 말했다. 그녀의 어머니에게는 금주 프로그램에 참여하겠다는 약속을 받아낸 뒤, 아들에게 남편과 다른 점이 얼마나 많은지 찾아보라고 권했다. 남동생에게는 집 밖으로 돌며 가족을 외면했다는 죄책감을 홀로 감당하지 말라는 처방을 내렸다.

이 정도가 내가 해줄 수 있는 일이었다. 그런 뒤에는 그저 그들 내면의 용기가 무르익어서 자기 인생을 위해 새로운 결정을 내리는 일이 생각만큼 어렵지 않다는 사실을 깨닫게 해달라고 기도할 뿐이었다.

현재 그녀의 어머니는 전문적인 도움을 받아 금주를 실천 중이고, 남동생은 자신이 가족을 아직 사랑하고 있다는 사실을 솔직히 인정하는 법을 배우는 중이다. 그리고 그녀는 자리를 가운데에서 옆으로 옮긴 지 겨우 몇 주 만에 폭식이 사라지고 정상 체중으로 돌아왔다.

인생에는 가능성이라는 문이 항상 열려 있다. 현재의 자리에서 일어나 다른 자리로 옮길 수 있는 문도 마찬가지다.

내가 그녀에게 알려준 것은 이 사실 하나였다.

인생에는 가능성이라는 문이 항상 열려 있다.
현재의 자리에서 일어나
다른 자리로 옮길 수 있는 문도 마찬가지다.

가족의 기능을 유지하고 관계의 균형을 이루기 위해
변하고자 하는 기대와 희망을 버리다

'항상성homeostasis'이란 생물의 체내에서 일어나는 현상으로, 모든 장기가 서로
협조하며 신체를 균형적인 상태로 만들어가려는 성향을 가리킨다. 가족치료 전
문가들은 가족 체계 안에도 이와 흡사한 현상이 나타난다는 사실을 발견했다. 가
족의 기능을 유지하고 균형을 이루기 위해 구성원들이 마치 신체의 장기처럼 각
각 역할을 맡아 수행한 것이다. '현상 유지 효과'는 이러한 항상성과 가족치료 개
념에 기반을 둔 것이다.

내
감
정
과
의
대
화

너는 내가 원하는 것을 주지 않았다.

나는 그들이 가진 것을 갖지 못했다.

나와 끝까지 함께할 사람은 나 자신뿐이고, 믿고 의지할 사람도 나 자신뿐이다.

그래서 결심했다.

그래, 나라도 나를 돌보아 주자.

나라는 이 가엾은 아이를 잘 돌보아 주자.

나에게는 결국 나 하나밖에 없으니까.

자기연민 효과

자신을 가엾게 여기면서
스스로

강해지려 애쓰다

작년 여름방학, 이사를 앞두고 집을 정리하다 석사 준비할 때 썼던 소논문 한 편을 발견했다. 제목은 '세 사람이 함께할 수 없는 심리적 근거'. 여러 종류의 세 사람 관계에서 반드시 한 사람은 외톨이가 되는 현상을 심리학적으로 연구한 것이었다. 나는 무심코 그것을 읽기 시작했다. 그중 한 단락을 여기 옮겨 적는다.

'3'이라는 숫자는 성장기 내내 나를 따라다녔다. 나는 외동딸이었고, 우리 가족은 부모와 한 자녀로 이뤄진 3인 공동체였다. 공교롭게도 그중 한 사람은 거의 집을 비웠기 때문에 평소에는 남은 두 사람끼리 조용하고 안정된 일상을 보냈다. 그러나 자리를 비웠던 세 번째 사람이

들어서는 순간, 둘만의 안정된 분위기는 순식간에 사라졌다. 자신이 언제나 관계의 중심에 있기를 바랄 나이였던 나에게 세 번째 사람은 그야말로 불청객이었다. 그가 나타나면 나에게 집중되어야 할 주양육자(엄마)의 관심이 분산됐기 때문이다. 게다가 그들은 부부였고, 나는 그 관계 밖에 동떨어진 존재였다. 그 결과 오히려 내가 방해꾼이 된 듯한 기분이 수시로 들었다.

아버지와 어머니가 속한 어른의 세계는 내가 아무리 발돋움을 해도 넘볼 수 없는 경계 너머에 있었다. 결국 혼자 동떨어진 나는 내 시선이 닿을 수 있는 범위 안에서 함께할 사람을 찾았다. 하지만 또래 친구에게는 대부분 피로 이어진 형세사매가 있었다. 비록 서로 사이좋게 손을 잡고 있지는 않아도 형제자매라는 관계를 무시할 수는 없었다. 놀랍도록 닮은 표정과 이목구비는 그들이 같은 무리에 속해 있다는 사실을 내게 끊임없이 일깨웠다. 그래서 친구들과 있어도 나는 혼자나 다름없었다.

대개는 태어나서 꽤 오래 살아본 뒤에야 '결국 인생은 혼자서 사는 것'이라는 점을 깨닫는다. 그러나 몇몇은, 다시 말해 나 같은 사람은 출생과 동시에 그 사실을 알아버린다. 알고 싶지 않았더라도 태생적으로 알 수밖에 없다.

십여 년 전에 쓴 글을 읽고 나니 어쩐지 마음이 어수선해졌다. 나는 하던 일을 잠시 멈추고 부엌으로 가 달콤한 꿀차를 끓였다. 거실 창 앞에 서서 김이 모락모락 오르는 차를 마시며 나의 어린 시절과 젊은 시절을 되돌아보았다. 이제 와 보니 젊은 나는 '분노한 청년'이었고, 그 '분노' 뒤에는 이처럼 깊은 자기연민이 자리 잡고 있었다.

나는 스스로에게 물었다. 깊은 자기연민은 과연 우리의 인생에 어떤 역할을 할까? 그러자 내면의 내가 대답했다.

태어나면서부터 혼자일 수밖에 없는 자신을 깨닫고 스스로를 가엾게 여길 때 놀랍게도 내면에는 강한 투지가 생겨난다고. '버텨내! 뚫고 가!'라고 외치는 마음의 소리를 듣게 된다고.

곱씹어 보니 과연 그랬다. 그럴 수밖에 없었다. 이 세상 아무에게도 의지할 수 없다면 결국 의지할 사람은 나 자신밖에 없다. 그래서 자기연민이 커다랗게 부풀면 스스로 더욱 강해져야겠다는 동기가 오히려 강해진다. 자신의 내면에 굳건한 골조를 세우고 편히 쉴 수 있는 안식처를 스스로 만든다. 그리고 그곳에서 계속 자신을 연민하며 지금보다 더욱 강하고 더욱 쓸모 있는 사람이 되기 위해 끊임없이 노력하게 된다.

'제일' 중요한 사람이 아니라
'역시' 중요한 사람

사실 나는 훨씬 어렸을 때 이미 자기연민의 장점을 깨달았다.

일곱 살 때였을 것이다. 나는 혼자 종일반 교실에 남아 있었다. 친구들은 이미 엄마나 아빠의 손을 잡고 집으로 돌아간 뒤였다. 의자에 앉지도 못하고 문간에 서서 눈이 빠져라 엄마를 기다리며 나는 이런 생각을 했다.

'엄마는 왜 아직도 안 오는 걸까? 엄마에게는 나보다 일이 더 중요한가?'

그때부터 나는 나를 불쌍하게 여겼다. 언제나 혼자일 수밖에 없는 자신이 너무나 가여웠다. 사춘기 시절에는 바쁜 엄마를 애써 이해하지 않으려 했다. 대학교에 가고 나서는 집에 살면서도 일부러 부모님과 식사하는 자리를 피했다. 아마 이런 생각 때문이었을 것이다.

'내가 그렇게 가족이랑 저녁밥 먹고 싶어 했을 때는 일 핑계로 매일 혼자 먹게 만들더니, 지금 와서 같이 밥을 먹자는 거야? 이젠 내가 싫어!'

이런 삐딱한 마음은 결혼하고 아이를 낳고 난 뒤에도 여전했다. '엄마의 손맛'에 대한 그리움 같은 것도 없었다. 엄마가 해준 밥을 간절히 바랐던 시절이 있었다는 사실조차 희미해져갔다.

엄마는 정년을 꼭 채운 뒤 퇴직했다. 은퇴한 지 얼마 되지 않은 어느 날 저녁, 엄마가 갑자기 집에 오더니 불쑥 저녁밥을 해주겠다고 했다. 비록 입으로는 '그러세요'라고 했지만 속으로는 적잖이 당황했다. 엄마가 차려주는 저녁 식사라니, 낯설고 어색했다. 건강에 집착하는 엄마가 하는 음식은 죄다 싱겁고 근본적으로 맛이라고 할 만한 게 없다는 사실도 떠올랐다.

엄마가 식탁 한가득 차려낼 때까지도 맛있는 밥을 먹을 수 있으리라는 기대는 전혀 없었다. 엄마의 음식은 전부 깔끔하고 정갈했지만 어쩐지 맛있게 보이지는 않았다. 나는 그냥 한 끼 때우자는 심정으로 별 기대 없이 반찬을 한 젓가락 집어 입에 넣고 우물거렸다. 그리고 다음 순간 깜짝 놀라고 말았다. 채소든 고기든, 내 입맛에 딱 맞았기 때문이다. 당근은 내가 좋아하는 정도로 적당히 익혀져 있었고, 생선은 굽기 전에 간을 했는지 달달하면서 짭조름했다.

그 순간 나는 불현듯 깨달았다. 내가 스스로를 가엾게 여기며 혼자서 강해지려고 정신없이 애쓰던 긴 세월 동안, 엄마도 내가 알던 엄마로부터 한참 멀리 나아가 있었다. 어쩌면 엄마 역시 음식이 맛없다고 딸에게 타박받는 자신이 가여웠는지도 모른다. 그래서 딸이 좋아하는 맛을 기억해두었다가 슬그머니 거기 맞춰서 음식을 한 게 아닐까?

생각하다 보니 어쩐지 눈물이 날 것 같았다. 음식을 삼키면서 몰래 눈가를 훔쳤다. 나는 자신이 무엇을 바라는지도 모르면서 매일 무언가 기대하고 또 기다리던 어린 시절의 가엾은 나를 떠올렸다. 그때 내가 무엇을 바랐는지 이제는 알 것 같았다. 마침내 어른이 되고, 엄마가 더 이상 출근하지 않는 날이 되고 나서야 나는 비로소 그토록 바랐던 '엄마의 관심과 사랑'을 받게 된 셈이었다.

문득 나는 엄마에게 중요하지 않다고 믿고 스스로 상처 받았던 일이 떠올랐다. 하지만 이제 와 보니 잘못된 생각이었다. 그때의 엄마에게는 나 '역시' 중요했다.

제일 중요한 사람이 아니라 역시 중요한 사람이라고 하면 어쩐지 쓸쓸한 느낌이 든다. 하지만 '역시 중요하다'는 것이 정말 그렇게 슬프기만 한 일일까?

그런 부모가
지금의 나를 만들었다

만약 내가 일곱 살 때 '엄마에게는 너도 중요해'라는 말을 들었다면 아마 전혀 기쁘지 않았을 것이다. 그 말인즉슨 여전히 다른 누군가, 혹은 다른 무언가와 엄마의 마음속 순위를 놓고 경쟁해야 한다는 뜻이기 때문이다. 그러나 나 자신이 일하는 엄마가 된 지금은 당시 엄마의 마음이 어땠을지 십분 이해가 된다. 심지어 그럼에도 엄마가 자신이 좋아하는 일을 끝까지 해냈다는 사실이 기쁘게 느껴진다.

그러한 엄마가 이러한 나를 만들었다.

엄마의 모양은 다양하다. 그리고 그 다양한 모양이 지금 우리의 좋고 나쁜 모습, 기쁘고 슬픈 모든 것을 만들었다.

상상해보았다. 만약 내 인생이 외롭지 않았다면 어땠을까? 형제자매가 많아서 늘 북적북적하게 자랐다면? 부모님 사이가 화목했다면? 만약 아버지가 가정적이고 정시에 퇴근하는 좋은 남자였다면, 또 엄마가 온화하고 여유 있는 가정주부였다면 또 어땠을까?

어려서부터 스스로를 가여워하지 않았더라면, 지금의 나는 또 어떤 모양이 되어 있을까?

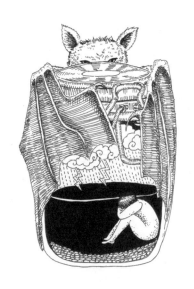

스트레스가 쌓이고
마음 깊은 곳에서 우울함이 생겨날 때는
자신을 위해 무언가 해보자.
최소한 살아갈 힘을 얻게 된다.

자신에 대한 연민으로 나아갈 힘을 얻고
자신의 무력감을 합리화하기 위해 타인의 잘못을 부풀리다

개인심리학 창시자이자 정신분석학자 알프레드 아들러Alfred Adler가 말했다.

"사람은 누구나 일생토록 두 명의 거인과 마주하게 된다. 바로 아버지와 어머니다. 이렇듯 거대한 존재인 부모로부터 질책과 비난을 받으면 자녀는 스스로가 무엇 하나 옳은 것이 없다고 여기게 된다."

아들러는 그렇게 자란 사람은 필연적으로 자기비하를 느낄 수밖에 없다고 했다. 그러면서 사람들이 자기비하 속에서 어떻게 성장하는지를 설명했다. 그에 따르면 부모가 자녀를 무시하는 것뿐만 아니라 반대로 무분별하게 과도한 애정을 쏟는 것 역시 건강한 성장을 방해한다. 하지만 이와 동시에 자녀는 스스로 새로운 출구를 찾아 자기비하에서 벗어나려고 노력하며 끊임없이 성장한다.

'자기연민 효과'는 원가족에서 초래된 자기비하가 개인의 사고방식에 어떤 영향을 끼치는지, 개인이 이를 초월하기 위해 어떤 해결책을 찾는지 연구한 결과물이다.

내 감정과의 대화

세상은 구부러진 곡선에 의해 음과 양으로 나뉜다.
신은 양에는 강인함을, 음에는 부드러움을 주었다.
이처럼 남자와 여자는 처음부터 다른 모양으로 창조되었다.
그렇기에 서로를 갈망하고 미워하며 시기하고 부러워한다.

오이디푸스 효과

인간의 가장 깊은 곳에 숨은,
결코

무시할 수 없는 힘

테베의 왕 오이디푸스는 그리스 신화의 비극적 인물이다. 그는 '아버지를 죽이고 어머니를 취할' 운명으로 태어났으며, 결국 그 운명이 이뤄지자 스스로 눈을 뽑아버리고 세계의 끝을 헤맸다. 정신분석학의 창시자 프로이트는 부모에게 애정과 경쟁심을 동시에 느끼는 자녀의 모순된 심리를 설명하기 위해 오이디푸스의 이야기를 끌어들였고 '오이디푸스 콤플렉스'라는 개념을 만들어냈다.

　오이디푸스 이론에 대한 나의 관점을 정리하면 이러하다. 첫째, 이러한 심리는 실제로 존재한다. 미성년 자녀를 상담하다 보면 부모를 숭배하면서도 동시에 그런 부모를 이기고 싶어 하는 심리가 분명히 나타난다. 물론 이는 지극히 정상적인 현상이며 자녀는 이런 방식을 통해 자기가치감을 긍정하게 된다. 먼저 부모를 숭배하고 그런 부모를 뒤쫓다가 마침내 넘어서는 과정을 거치면서 자신 역시 부모처럼 숭배받을 수 있는 사람이라는 확신과 자신감을 얻는 것이다.

둘째, 형제자매 사이의 은밀한 경쟁에 대한 은유적 표현으로 이해할 수 있다. 최후에 '아버지를 죽이고 어머니를 취한' 통치자가 될 수 있는 이는 어떤 사람일까? 윤리적 관점은 잠시 논외로 두고, 이 이론에 따라 사고를 전개해보자. 만약 가정을 왕국에 비유한다면 혈맥을 이을 정통 계승자는 단 한 사람뿐이다. 외동 자녀라면 문제 될 것이 없지만 형제자매가 많은 경우에는 필연적으로 알력이 생긴다. 따라서 오이디푸스 이론은 형세사매 간의 경생 관계 역시 포괄한다고 볼 수 있다.

마지막으로 오이디푸스의 은유는 남녀의 성별 차이에 대한 인류의 집단적 사고방식이 어떠한지를 보여준다. '아버지를 죽이고 어머니를 취한다'는 말을 자세히 들여다보면 다음과 같은 의미가 발견된다. 아버지(남자)는 죽기를 기다리는 사람이다. 이는 남자로 태어난 이상 강해지지 않으면 결국 앉아서 죽기를 기다리는 처지가 될 수밖에 없다는 뜻이다. 어머니(여자)는 누군가에게 취해지기를 기다리는 사람이다. 다시 말해 가장 강한 남성이 와서 자신을 취할 때까지 얌전히 기다려야 한다는 한계를 여성에게 부여한 셈이다.

상상 이상으로 생활 속에 깊게 침투해 있는
'오이디푸스'의 힘

예술대학에서 정신분석학 강의를 하면서 이 점을 언급하자 한 학생이
이렇게 질문했다.

"이건 프로이트가 남성우월주의자였다는 증거 아닌가요?"

프로이트의 입장에서 이는 상당히 불공평한 평가다. 그는 어디까지
나 인간의 마음 가장 깊은 곳에 숨은, 그러나 결코 무시할 수 없는 힘
의 존재를 누구나 이해하기 쉬운 형식으로 밝혔을 뿐이다. 사실 여기
서 주목할 핵심은 '오이디푸스'의 힘이 우리가 상상한 것보다 훨씬 더
깊이 일상생활에 관여하고 있다는 점이다.

예전에 나는 '강한 여자'라는 수식어를 좋아하지 않았다. 어쩐지 여
성성을 부정하고 폄훼하는 듯 느껴졌기 때문이다. 그런데 어느 순간,
이런 생각 자체가 오이디푸스의 힘으로 대변되는 남녀 역할의 고정관
념에서 비롯되었다는 사실을 깨달았다. 그 뒤로 이러한 '힘'이 실제 생
활에 얼마나, 어떻게 영향을 미치고 있는지를 의식적으로 살피기 시작
했다.

나는 치료사의 도움을 받으며 수년간 자아 탐색에 몰두했다. 그리고
내가 다른 사람에 비해 집요한 편이며, 스스로 이해할 수 없는 일에 대
해 타협하기를 매우 힘들어한다는 사실을 발견했다. 이런 외골수적인

성향 덕분에 전문 분야에서는 많은 성과를 올렸지만 한편으로 조직 생활에서는 여성 특유의 유연성이 부족한 탓에 힘든 일도 많이 겪었다.

어느 기관에서 잠시 근무했을 때의 일이다. 학자 출신은 나뿐이었고, 나머지 직원은 전부 경력이 출중한 행정 전문가였다. 어느 날, 새로 온 주무관이 친목 도모를 이유로 일주일에 한 번씩 다 같이 모여 점심 식사를 하자고 제안했다. 모두들 좋은 생각이라며 적극적으로 호응했고, 나 역시 처음 한두 번은 참석했다. 하지만 식사하는 내내 영양가 있는 대화는 전혀 오가지 않고 다들 남의 뒷이야기 아니면 사사로운 가십을 터는 데 열중하는 것을 본 뒤로는 이런저런 핑계를 대며 그 자리를 피했다. 할 말이 없어서 꿔다 놓은 보릿자루처럼 앉아 있는 것도 내키지 않았고, 그렇다고 내 귀중한 점심시간을 투자할 만큼 즐겁지도 않았기 때문이다.

몇 달 후, 나는 그 기관에서 '쫓겨났다'. 그와 동시에 아니나 다를까 그들이 심심할 때마다 씹어대는 수많은 안줏거리 중 하나가 되었다. 거기까지는 예상했던 바라 별 타격이 없었는데 나에 대해 한다는 소리가 좀 이상했다. '동료들과 잘 어울리지 못했다'고 흉봤다면 엄연한 사실이니까 그러려니 했을 것이다. 하지만 그들은 내가 하지도 않은 말과 행동을 날조해가며 온갖 유언비어와 거짓을 퍼트리고 있었다.

당시에는 나도 참을성이 부족해서 소문이 귀에 들어오자마자 즉각 사무실로 찾아가 길길이 날뛰었다. 나보다 몇 살 위인 남자 주무관이 진정하라며 나섰는데, 그가 해명이랍시고 늘어놓는 변명들이 나를 더 화나게 했다. 결국 내가 탁 까놓고 물었다.

"차라리 '말을 안 들어서' 쫓아냈다고 사실대로 말하지, 왜 없는 말을 지어내서 사람을 우습게 만들어요?"

그는 말문이 막힌 듯했다. 어떻게 변명할지 머리를 굴리는 것이 눈에 보였다. 나는 그런 그를 똑바로 바라보며 말했다.

"변명이든 해명이든 지어낸 이야기는 더 듣고 싶지 않으니 먼저 가볼게요."

말이 떨어지기 무섭게 자리를 박차고 일어나 밖으로 향했다. 그러자 그가 다짜고짜 버럭 소리를 질렀다.

"당장 이리 와서 앉지 못해?"

그는 침착함을 잃고 성난 야수처럼 붉으락푸르락하는 얼굴로 뛰어와 내 앞을 가로막았다. 나 또한 지지 않고 그를 밀치며 문을 열었다. 그렇게 실랑이를 벌이며 밖으로 나오자, 다른 동료들이 물음표가 크게 띄워진 얼굴로 우리를 바라봤다.

수많은 세월이 흐른 뒤, 나는 비로소 그때 그 상황을 이해하게 되었다. 나와 그가 격렬하게 반목할 수밖에 없었던 것은 서로 사고방식이 전혀 달랐기 때문이다. 이제 와 보니 그는 오이디푸스 콤플렉스, 나는 반(反)오이디푸스 콤플렉스(오이디푸스 콤플렉스를 비판하는 경향-역자)에 잡혀 있었다.

당신은 오이디푸스인가,
반오이디푸스인가?

남성이 무의식중에 여성의 위세를 꺾고 억압하려는 경향도 오이디푸스 효과로 설명이 가능하다. 이 과정에서 여성이 남성의 공범 내지는 하수인 노릇을 하는 경우도 적지 않다.

이상하게도 튀는 여자를 보면 어떻게든 '기를 죽이고' 싶다는 충동을 느끼는 사람이 많다. 그래서 여성은 살아남기 위해 자신의 수많은 개성 중에서도 온화하고 부드러운 부분만 골라 내보이는 데 익숙해졌다. 그런가 하면 나처럼 억누를수록 더 튀어 오르는 '골칫덩이'는 별종 취급을 받았으며 온갖 편견과 비난의 눈길을 견뎌내야 했다.

최근에는 시대가 변해서인지, 아니면 여성들이 '굴복하지 않을' 용기를 내기 시작해서인지 주변에 나와 성향이 비슷한 여자들이 꽤 많이 보인다. 그런데 요즘 우리끼리 모이면 꼭 한 번은 나오는 이야기가 있다. 어쨌든 이 사회에서는 강한 여자보다 부드러운 여자로 사는 편이 훨씬 유리하지 않으냐는 것이다. 실제로 여성에게 요구되는 미덕은 아직까지도 융통성과 조화로움, 상냥함 등에 치우쳐 있다. 나이가 들고 보니 무조건 투쟁하는 것보다 적당히 웃고 상냥하게 말하고 친절하게 대할 때 오히려 전화위복이 될 가능성이 높다는 점도 알게 됐다. 그렇다면 이런 상황에서 우리는 대체 무엇을 고수하며 버텨야 하는가?

나는 그 역시 오이디푸스의 힘에 붙들린 사고방식이라 생각한다. 성장 과정에서 우리는 권위 체계에 수없이 불복해왔으며 성장한 이후에는 스스로의 힘으로 그것을 바로잡으려 했다. 사람은 누구나 자신이 원하는 모습으로 살 수 있으며 어떠한 삶의 모양도 비난받지 않을 권리가 있다. 우리가 해야 할 일은 이 점을 증명하는 것이다. 오이디푸스든 반오이디푸스든, 나름의 어쩔 수 없음이 있으며 모두가 그 속에서 자신이 원하는 대로 살 수 있다는 점을 나의 삶을 통해 증명해야 한다. 억눌림과 비난, 반대 속에서도 자신이 되기를 원하는 모양을 찾을 수 있음을 증명해야 한다.

당신은 오이디푸스인가, 반오이디푸스인가? 부디 자신이 진정으로 원하는 삶의 모양을 찾기까지, 서로를 향한 비난을 그치고 각자가 계속 버텨나갈 수 있기를 기원한다.

양과 음은 처음부터 다른 모양으로 창조되었기에,

서로 갈망하고 미워하고 시기하고 부러워한다.

남성과 여성이라는 고정관념에서 벗어나
삶을 관찰하고 깨달으면서 완전한 자아를 만들어가다

정신분석학자 프로이트가 '오이디푸스 콤플렉스Oedipus complex'를 제시한 후 아버지 혹은 어머니를 연모하는 심리에 대한 연구가 한때 정신분석학의 주류를 이루기도 했다.

'오이디푸스 효과'란 남근 숭배에 칼 융Carl Gustav Jung의 '아니마/아니무스' 이론을 더한 것으로, 남성성과 여성성에 대한 존비의 개념을 초월해 더욱 완전한 자아를 이뤄가는 과정을 다룬 것이다.

나이 든 **부모**를 대할 때 명심해야 할 것 **8가지**

1 **무관심하게 대하지 않는다** 잔소리만 듣게 된다 해도 가끔은 부모에게 먼저 말을 걸어본다. 그래야 나중에 그나마 후회할 일이 적다. 혹시 부모를 대하는 일 자체가 정말 견디기 힘들다면 '이렇게 업보를 갚는다'라고 생각해보자.

2 **부모의 부정적인 말이나 상처 주는 말을 마음에 담아두지 않는다** 부모도 자기 자신을 어쩔 수 없다는 사실을 인정하고 이해하자. 어느 날 갑자기 부모가 다정하고 살갑게 변한다면 오히려 소름이 돋을지도 모른다.

3 **부모의 생활 습관을 바꾸려 하지 않는다** 동굴 속에서 이미 육십 년 넘게 살아온 사람에게 갑자기 햇볕 쨍쨍한 바깥 세계로 나오라고 하는 것은 폭력이나 다름없다.

4 **부모에게 더 나은 사람이 되기를 요구하지 않는다** 사람은 나이가 들수록 변하기도, 발전하기도 쉽지 않다. 게다가 당신이 예순 살이 되었을 때 지금의 부모보다 더 유치하지 않으리라는 보장도 없지 않은가.

5 **부모가 자식 모두에게 공평하기를 기대하지 않는다** 어차피 사랑은 공평한
것이 아니다. 오히려 부모에게 사랑을 갈구하다가 오히려 진정으로 당신을 사
랑해줄 수 있는 사람을 알아보지 못할 수도 있다.

6 **부모가 당신을 사랑하는 방식을 무시하지 않는다** 어쩌면 부모는 그렇게 사랑
하는 방법밖에 배우지 못했을 수도 있다. 물론 당신은 그보다 훨씬 훌륭하고
성숙한 방식으로 부모를 사랑할 수 있음을 기억하자.

7 **부모를 탓하고 원망하는 데 시간을 허비하지 않는다** 원망할수록 당신은 엄
마(아빠)가 되고, 부모는 아이가 되어버린다. 그리고 우리 모두 알고 있듯, 아
이일 때가 훨씬 더 즐겁다.

8 **부모의 인생을 지나치게 걱정하지 않는다** 우리는 모두 평범한 사람일 뿐이
다. 즉, 아무리 걱정한다 한들 부모의 인생 과제를 대신 해결해줄 수 없다.

"엄마가 휴대전화나 우산을 잃어버리는 것처럼 너도 잃어버릴까 봐 무서웠어?" 그러자 아이가 크게 고개를 끄덕였다. 막상 아이의 반응을 보니 말문이 막혔다. 자신의 존재감을 휴대전화나 우산과 동급으로 생각했다는 것 아닌가. 나는 한참을 생각하다 입을 열었다. "너, 자기 머리 잃어버린 사람 봤어?" 아이는 고개를 저었다. "그럼 깜빡하고 손이나 발을 잃어버린 사람은? 그런 사람 봤어?" 작고 둥근 머리가 또다시 좌우로 흔들렸다. "엄마한테 넌 머리와 손, 발과 똑같아, 절대 잃어버릴 수 없다는 거지." 아이가 눈을 동그랗게 떴다. "네가 갓 태어났을 때, 우리는 탯줄이라는 것으로 이어져 있었어. 물론 눈에 보이는 탯줄은 없어진 지 오래지만 엄마 마음속에는 여전히 우리를 이어주는, 보이지 않는 탯줄이 있단다. 그러니까 엄마한테 너는 머리나 손, 발과 다름없어, 똑같이 중요하고 또 소중해." 아이가 갑자기 나를 꼭 끌어안았다. 나는 아이의 머리를 쓰다듬으며 말했다. "너 자기 머리나 손, 발을 잃어버린 사람 본 적 있어?" 아이는 고개를 도리도리 저으며, 눈에 눈물이 가득 고인 채 환하게 웃었다.

다시

살아갈

힘을 얻다

내
감
정
과의
대화

머리가 떠올리기를 거부한 일을 마음이 생각해낸다.

입이 말하기를 거부한 말을 마음이 말해버린다.

너의 말이 내 귀에 닿았다.

내 귀에 닿은 말을 내 마음이 기억했다.

그렇게 나는 너와 얽히고, 나 자신과 연결된다.

키워드 효과

상대와 나의 마음속에서
해결되지 못한

공통 주제를 찾다

그날, 나는 학교가 끝나고 아이들과 함께 밖에서 저녁을 먹었다. 식사 후에는 기분이 안 좋은 날이면 으레 그랬듯 버블티를 마시러 갔다. 우울할 때 달콤한 음료를 마시면 마음이 조금은 달래진다.

　꽤 쌀쌀한 날씨에 빗방울까지 떨어졌다. 나는 테이크아웃으로 주문한 버블티를 건네받자마자 차로 종종걸음 쳤다. 아들은 내 뒤를 바짝 따라와서 차에 탔는데, 딸아이가 보이지 않았다. 돌아보니 딸아이가 버블티 가게 카운터 앞에 멍한 얼굴로 서 있었다. 나는 큰 소리로 딸의 이름을 불렀다. 그와 동시에 가게 점원이 엄마와 남동생이 나갔다고 이야기하는 듯했다. 딸아이는 퍼뜩 정신을 차리더니 황급히 달려와서 차에 올라탔다. 그리고 곧바로 속사포처럼 쏘아붙이기 시작했다.

"어떻게 날 두고 갈 수가 있어? 왜 바로 안 불렀어?"

그야말로 적반하장 격인 딸의 태도에 순간 화가 났지만 최대한 냉정하게 차근차근 이야기했다.

"엄마는 널 두고 가지 않아. 왜 그러겠니? 그리고 네가 없는 것을 알자마자 바로 부른 거야."

하지만 딸은 좀처럼 감정을 가라앉히지 못하고 씩씩거리며 고장 난 녹음기처럼 했던 말을 또 하고 또 했다. 단순히 잠깐 투덜대는 수준이 아니었다. 참다못해 한 마디 해야겠다고 결심하는 찰나, 갑자기 딸아이가 어렸을 때의 일이 떠올랐다.

딸애가 두 살 무렵이었다. 당시 남편은 직장일로 눈코 뜰 새 없이 바빴고, 나는 임신한 몸으로 박사 과정을 밟느라 쓰러질 지경이었다. 우리는 어쩔 수 없이 아이를 시골에 있는 시댁에 맡겼다. 하지만 시어머니도 갱년기 증상으로 한참 건강이 좋지 않았기 때문에 결국 아이는 한동안 두 고모의 집을 번갈아 오가며 지내야 했다.

예전 일을 생각하자 지금 딸아이의 정서적 불안을 이해할 수 있을 것 같았다. 나는 잠자코 입을 다물고 딸이 쏟아내는 짜증과 원망을 전부 듣고 받아주었다. 딸의 볼멘 목소리가 점차 잦아들었다. 차 안은 이내 조용한 빗소리로 가득 찼다.

너,

자기 머리 잃어버린 사람 봤어?

집에 도착해서 차를 세우고 내리려는데, 딸이 머뭇거리다가 작게 중얼
거렸다.

"엄마가 날 잃어버리는 줄 알았단 말이야."

나는 고개를 돌려 뒷좌석에 앉은 딸에게 말했다.

"알아. 엄마도 너와 오늘 일을 잘 이야기해보고 싶어."

내 대답이 마음에 들었는지 아이는 고개를 끄덕이고는 차에서 내렸다.

나는 집에 들어가자마자 딸아이를 무릎에 앉히고 눈을 들여다보며
엄마에게 하고 싶은 말이 있느냐고 물었다. 그러자 차에서 했던 말이
돌아왔다.

"엄마가 날 잃어버릴까 봐 무서웠다고."

비슷한 문장이나 키워드를 반복해서 말하는 것은 마음에 해결되지
않고 걸려 있는 감정이 있기 때문이다. 특히 어린아이일수록 상대가
자신을 주목하고 이해해주기 바랄 때 이런 모습을 보인다. 자기 마음
의 불안함을 알아달라는 것이다.

딸아이가 반복하는 키워드는 '잃어버리다'였다. 그러고 보니 나는 무
언가를 잘 잃어버리는 편이다. 휴대전화며 가방 따위를 식당에 두고
나와서 찾으러 가는 일이 부지기수였고, 우산 같은 것은 일회용인가

싶을 정도로 가지고 나갔다 하면 잃어버리고 들어왔다. 아이가 보기에도 나는 참 정신없고 칠칠하지 못한 엄마일 것이다. 너무 정신없어서 자기까지 잃어버릴지도 모르는 그런 엄마. 혹시 그런 것일까 싶어서 나는 아이에게 시험 삼아 물어보았다.

"엄마가 휴대전화나 우산을 잃어버리는 것처럼 너도 잃어버릴까 봐 무서웠어?"

그러자 아이가 크게 고개를 끄덕였다. 막상 아이의 반응을 보니 말문이 막혔다. 자신의 존재감을 휴대전화나 우산과 동급으로 생각했다는 것 아닌가. 나는 한참을 생각하다 입을 열었다.

"너, 자기 머리 잃어버린 사람 봤어?"

아이는 고개를 저었다.

"그럼 깜빡하고 손이나 발을 잃어버린 사람은? 그런 사람 봤어?"

작고 둥근 머리가 또다시 좌우로 흔들렸다.

"엄마한테 넌 머리와 손, 발과 똑같아. 절대 잃어버릴 수 없다는 거지."

아이가 눈을 동그랗게 떴다.

"네가 갓 태어났을 때, 우리는 탯줄이라는 것으로 이어져 있었어. 물론 눈에 보이는 탯줄은 없어진 지 오래지만 엄마 마음속에는 여전히 우리를 이어주는, 보이지 않는 탯줄이 있단다. 그러니까 엄마한테 너는 머리나 손, 발과 다름없어. 똑같이 중요하고 또 소중해."

아이가 갑자기 나를 꼭 끌어안았다.

나는 아이의 머리를 쓰다듬으며 말했다.

"너 자기 머리나 손, 발을 잃어버린 사람 본 적 있어?"

아이는 고개를 도리도리 저으며, 눈에 눈물이 가득 고인 채 환하게 웃으면서 나를 바라보았다.

감정을 있는 그대로
인정하고 받아들이다

비록 아이에게 말하지 못했지만 사실 나도 어린 시절에 '잃어버려졌다'고 느낀 적이 많다. 나의 엄마는 지금의 나 못지않게 바빴고 정신이 없었기 때문에 장을 보거나 할 때 나를 챙기는 일을 깜빡하기 일쑤였다. 대형 상점에서 수많은 인파에 밀려 엄마의 손을 놓친 일도 여러 번이었다. 그럴 때마다 엄마를 다시 찾기 전까지 낯선 장소, 낯선 사람들 사이에서 혼자 불안에 떨었던 기억이 아직까지도 생생하다. 어른이 되고, 그때 느꼈던 그 감정들은 점차 인간관계와 부부 관계에 대한 불안감으로 확장됐다.

내가 상담을 받을 때 치료사 선생님들은 내 이야기를 끝까지 끈기 있게 들어줌으로써 나의 이런 감정을 몇 번이고 '받아주었다'. 내 감정에 이상한 이름을 붙이거나 섣불리 나를 정의내리지 않고 그저 수용해주었다. 그 덕분일까. 어느 순간부터는 나도 남을 '받아줄 수 있게' 되었다. 내 멋대로 판단하거나 정의하지 않고 상대의 감정을 있는 그대로 받아주는 능력이 생긴 것이다. 나 개인적으로는 상담자로서 상담을 할 때 이보다 더 필요한 능력이 없다고 생각한다. 지금도 그들에게 마음 깊이 감사하는 이유다.

내게 '받아주는 능력'이 생긴 후 기뻤던 것은 사랑하는 사람을 있는 그대로 수용할 수 있게 되었다는 점이다. 하지만 그 이상으로 나 자신이 사랑하는 사람에게 확실히 받아들여지고 있음을 인식하고 느낄 수 있게 되어 기뻤다. 내 안에는 나도 모르는 사이에 너 많은 내남자를 수용하고 함께 성장할 수 있는 힘이 자라났다. 받아들이고 받아들여지는 과정을 통해 우리는 조금씩 잃어버렸던 자신을 되찾았다.

나와 딸아이가 서로를 껴안은 순간도 그러했다. 얼핏 보기에는 내가 아이를 받아준 것 같지만 사실 그 순간 내가 받아들인 것은 바로 나 자신이었다. 당황하고 불안해하던, 그 시절의 어린 나 자신이었다.

이처럼 타인의 내면에서 나와 공통된 주제를 발견하고 거기서 파생된 감정을 있는 그대로 인정하고 받아들여 줄 때, 우리는 다른 누구도 아닌 바로 자기 자신을 기쁘게 받아들일 수 있게 된다.

어떠한 경험을 계기로 지난날 받았던 마음의 상처가 반복되는 단어나 문장으로 표현되다

상담할 때는 내담자가 반복적으로 언급하는 주제를 민감히 알아차릴 수 있어야 한다. 무의식중에 계속 드러나는 주제야말로 문제의 핵심이기 때문이다. 특히 상대와 나 사이에 모종의 공통된 상처를 발견하면 더욱 풍성한 관계를 형성할 수 있다.

'키워드 효과'란 감정적인 행동과 언어를 통해 반복적으로 표현함으로써 타인과 자신의 내면에 공통으로 존재하는, 해결되지 못한 문제를 발견하는 것을 말한 것이다.

내
감
정
과
의

대
화

시간은 결국 흘러가기 마련이다.

다만 기다릴 때는 시간의 흐름이 느껴지지 않을 뿐.

시간은 기다림을 기다림 같지 않게 만든다.

기다리고 기다리다 더 이상 기다릴 수 없게 되었을 때.

어떤 일은 때가 되어야만 이해할 수 있음을 깨닫게 된다.

유예 효과

다만 아직 때가
되지

않았을 뿐이다

올해 환갑을 맞은 아린은 자신의 인생을 돌아볼 때마다 한숨을 쉬었다. 아쉬운 점이 너무도 많았기 때문이다. 본디 그의 아버지는 남부 지방의 유지로 엄청난 논밭을 가지고 있었다. 아버지는 종종 어린 그를 안고 언덕 꼭대기에 올라가 발아래 펼쳐진 드넓은 대지를 가리키며 말했다.

"여기부터 저기 보이지 않는 데까지 전부 우리 땅이란다."

그 시절 아린에게 아버지는 영원히 지지 않는 태양이자 가장 큰 산이었다.

하지만 아린의 행복은 오래가지 못했다. 남자가 잘나면 여자가 꼬인다고, 아버지 역시 여자관계가 복잡했던 것이다. 아버지는 그중 후처

자리도 마다하지 않는 여인을 아예 집으로 들였다. 그렇게 '작은어머니'가 들어온 뒤로 모든 것이 변했다. 가장 크게 변한 사람은 아린의 어머니였다. 얼굴에서 웃음이 사라지고 밤마다 눈물을 쏟았다. 안 그래도 마음이 뜬 아버지는 어머니를 더욱 홀대하며 작은어머니에게 사랑과 관심을 쏟았다. 문제는 작은어머니가 사치스러운 데다 노름까지 즐겼다는 점이다. 작은어머니가 집에 들어오고 몇 년 만에 가세가 기울었다. 그 많던 논밭을 야금야금 팔아치운 돈으로 작은어머니의 씀씀이를 메우느라 아버지의 주름 골이 깊어졌다. 그러더니 결국 가산을 거의 탕진하기 직전, 천수를 누리지 못하고 유명을 달리했다. 아버지가 죽자 기댈 곳이 없어진 작은어머니는 장례가 끝나기 무섭게 남은 세물을 챙겨 도망가 버렸다.

  엎친 데 덮친 격으로 얼마 안 가 어머니마저 아버지의 뒤를 따라 눈도 제대로 못 감은 채 세상을 떴다. 당시 아린은 사춘기 소년이었다. 원래대로라면 부잣집 도련님답게 떵떵거리며 자라야 했겠지만 웬 여자가 그 복을 전부 삼켜버린 탓에 그러지도 못했다. 그에게 남은 것이라고는 겨우 집 한 채와 슬픔으로 얼룩진 기억뿐이었다. 아린은 짐 보따리 하나 달랑 들고 고향을 떠나 북부로 갔다. 낯선 도시에서 그는 닥치는 대로 일을 했다. 버스도 몰고, 대형 트럭도 몰고, 나중에는 공사장 트럭까지 몰았다. 그렇게 열심히 살다가 아싱을 만났다. 두 사람은 결혼한 뒤 힘을 모아 더욱 열심히 돈을 벌었다. 어느 정도 돈이 모인 후, 부부는 아린의 고향으로 돌아와 옛집 옆에 2층짜리 양옥집을 짓고 살았다.

사랑스러운 세 아이가 태어난 후, 아린은 마침내 따스한 가정을 되찾았다. 먹고사는 일도 어느 정도 해결됐으니 크게 걱정할 거리도 없었다. 그러나 자신의 원가족을 망친 작은어머니만 생각하면 아린은 여전히 화가 치밀었다. 그 여자만 아니었다면 한창 부모의 손길이 필요한 시기에 천애고아가 되지는 않았을 것이라는 생각이 그를 괴롭게 했다.

이제 때가 됐어.
은혜도 원한도 모두 끝났어

어느 날, 아린에게 불청객이 찾아왔다. 허리가 잔뜩 굽은 늙은 비구니였다. 그녀는 멀리서부터 탁발을 하며 점차 아린의 집에 다가왔다. 본디 심성이 착하고 불심도 깊었던 아린은 대문을 활짝 열고 비구니를 맞았다. 그러나 비구니의 얼굴을 보고 그만 얼어붙고 말았다. 과거 자기 집안을 망하게 한 바로 그 여자, 작은어머니였던 것이다.

"아미타불."

비구니는 염불을 외우고 공양을 부탁했다.

아린의 손이 덜덜 떨리기 시작했다. 수년간 악몽에 나타나 그를 괴롭히던 얼굴이 바로 눈앞에 있었다. 아버지에게 수치를, 어머니에게 상처를 준 저 원수 같은 여자 때문에 얼마나 많은 밤을 괴로움에 시달렸던 가!

"아미타불."

상대가 다시 한번 염불을 외우며 손을 내밀었다.

그때 마침 부엌에 있던 아싱이 소리를 듣고 밖으로 나왔다. 그녀는 심상치 않은 남편의 표정을 보고, 앞에 선 비구니를 찬찬히 살펴보았다. 아싱 역시 비구니가 누군지 금방 알아차렸다. 남편이 자주 사진을 보여주며 이야기했었기 때문이다.

아싱은 침착하게 집으로 들어가 거실 서랍장에서 천 달러짜리 지폐 한 장을 꺼내 외 비구니에게 내밀었다. 그 순간 아린이 한발 빠르게 지폐를 낚아챘다. 아싱은 고개를 돌려 남편을 바라봤다. 아린은 여전히 딱딱하게 굳은 얼굴로 마지못해 비구니가 내민 주머니에 지폐를 넣었다.

"아미타불 관세음보살, 복 받으실 겁니다."

비구니는 굽은 허리를 더욱 굽혀 인사하고 느릿느릿 멀어져갔다.

그로부터 몇 년 후, 한 사찰에서 전보가 날아왔다. 예전에 시주를 받아간 비구니, 즉 작은어머니가 오래도록 병으로 고생하다 왕생했다는 소식이었다.

아린과 아싱은 의논 끝에 사찰에서 작은어머니의 유골을 받아다가 납골당에 안치했다. 납골당에서 돌아온 후 아린은 꼬박 한 달을 앓았다. 한참을 아프고 나서 아린은 이렇게 말했다.

"이제 때가 됐어. 은혜도 원한도 모두 끝났어."

이제

날 용서해다오. 이제 날 원망하지 말아다오

아싱도 사연이 기구했다. 그녀는 차 농사를 짓는 어느 산골 마을의 가난한 농사꾼 집안에서 태어났다. 이미 자식이 줄줄이 딸린 부모에게 농사일에 크게 도움도 되지 않는 딸의 탄생은 기쁨보다 부담에 가까웠다. 결국 아싱의 부모는 그녀를 산 아래 어느 마음씨 좋은 부부에게 입양 보냈다. 친자식이 없었던 부부는 그녀를 시작으로 아이 네 명을 연달아 입양했다. 그 바람에 원래 밑에서 두 번째 작은 딸이었던 아싱은 졸지에 4남매의 맏이가 되었다.

입양된 아이는 친부모와 양부모 양쪽 모두의 사랑을 받으니 복이라는 사람도 있다. 그러나 아싱이 자란 시대만 해도 딸은 살림 밑천일 뿐, 그 이상도 그 이하도 아니었다. 결과적으로 아싱의 입장에서는 사랑을 두 배로 받는 것이 아니라 돕고 모셔야 할 부모만 네 사람으로 늘어난 셈이었다.

아린과 결혼하고 남부 지방으로 내려와 자리를 잡기 전까지 아싱에게는 인생 계획이랄 것이 없었다. 또 결혼하기 전까지는 항상 자신이 끈 떨어진 연 같다는 상실감을 느끼며 살았다. 상실감의 가장 큰 이유는 친부모였다. 부모에게는 딸이 몇 명이나 더 있었다. 그런데 그중 하필 자신을 입양 보낸 까닭을, 그녀는 도무지 알 수가 없었다.

부모는 왜 나를 선택했을까? 내가 부족해서일까? 나는 예쁜 딸이 아니었단 말인가? 풀리지 않는 의문이 꼬리에 꼬리를 물며 평생 그녀를 괴롭혔다. 다행히 양부모는 좋은 사람들이었지만 그렇다고 아싱의 고통이 덜해지지는 않았다.

아싱이 예순 살을 넘겼을 때, 아흔을 넘긴 생모가 위독하다는 연락이 왔다. 임종을 앞두고 아싱을 비롯한 형제자매 모두가 고향집에 모였다. 병상에 누운 생모는 이미 사람을 알아보지 못했다. 마치 혼자 꿈속을 헤매는 양 알 수 없는 말만 헛소리처럼 중얼거렸다. 그러다 갑자기 정신이 번쩍 돌아온 듯, 눈을 크게 뜨더니 정확히 아싱을 향해 말했다.

"딸아, 아직도 날 원망하느냐? 원망하고 있지? 그렇지?"

순간 눈물이 터져 나올 것 같았지만 아싱은 애써 참았다. 마지막 가시는 길, 어머니를 조금이나마 편하게 보내드리고 싶었다. 그녀는 지난 오십 년간 참아온 눈물을 몇 분 더 참기로 했다.

"이제 날 용서해다오. 이제 날 원망하지 말아다오."

어머니가 계속 중얼거렸다. 아싱은 눈두덩이 벌게진 채로 열심히 고개를 끄덕였다. 울지 않기 위해 입술을 악물었다.

중얼거림이 점차 잦아들고, 어머니의 양손이 힘없이 늘어졌다. 아싱은 돌아가신 어머니의 손을 잡으며 그제야 참았던 울음을 토해냈다. 한번 눈물이 터지자 주체할 수가 없었다.

어머니가 세상을 뜬 후 아싱은 남편인 아린보다도 더 오래 앓았다. 마침내 건강을 회복한 그녀는 딱 이 한마디만 했다.

"엄마는 나도 사랑하셨어."

아린과 아싱은 내 남편의 부모이자 나의 시부모다. 지난 십오 년간, 나는 그들이 원가족에게 받은 가장 깊은 상처와 마주하는 과정을 직접 목도하며 함께 울고 웃고 깨달음을 얻었다. 영원히 이해할 수 없거나 놓지 못할 일은 없다. 다만 그러려면 때를 기다려야 한다. 어떤 일은 때가 되어야 비로소 이해할 수 있고 놓아버릴 수도 있다.

어떤 일들은 때가 이르기 전까지 그저 유예를 거듭한다. 한때 며느리인 나와 시어머니인 아싱도 심각한 고부 갈등을 겪었다. 그러나 과거가 차분히 정리되면서 그녀와 더욱 가까워졌고, 더 많은 것을 이해할 수 있게 되었다.

아무리 생각해도 이해할 수 없고 답을 알 수 없는 일들이 있다. 하지만 어쩌면 단지 때가 이르지 않았기 때문인지도 모른다. 때가 되면 모든 것을 이해하고 알 수 있게 되리라.

영원히 이해할 수 없거나 놓지 못할 일은 없다.
다만 때가 되어야만 이해하고 놓아버릴 수 있다.

이해하거나 해결할 수 없는 일은 조급해하지 말고
잠시 미루어두고 적당한 때를 기다리다

현상학 중에 '존이불론存而不論', 즉 '그대로 두고 논하지 않는다'라는 개념이 있다. 아직 답을 얻지 못한 어떤 문제를 연구할 때 그에 관한 개인의 감정이나 기존의 가설을 '괄호 안에 두고' 없는 셈 치는 것이다.

예를 들어 바구니에 검은 사과가 담겨 있다고 가정해보자. 우리의 주관으로 보면 검은 사과란 상식 밖의 존재다. '왜 사과가 검은색이지?'라는 의문이 들 수밖에 없다. 그러나 일단 지금 당장은 답을 얻을 수 없기 때문에 가설을 한쪽 공간에 제쳐두고(유예해두고) 한동안 무시한다. 그렇게 기다리다 보면 어느 날 문득 '아, 알고 보니 그건 사과가 아니었구나' 하고 깨닫는 날이 온다.

'유예 효과'란 이러한 개념에 기반을 두고, 자신도 어찌할 수 없는 일에서 파생되는 부정적 감정을 대하는 태도와 방법을 다룬 것이다.

내
감
정
과
의

대
화

굳이 입 밖에 내지 않아도 될 대화가 있다.

굳이 말로 할 필요가 없는 친절도 있다.

어떤 선량함은 고통만을 남긴다.

그러나 끝까지 마음속에만 감추어둔다면 결국 썩어버리는 것은

너와 나의 관계다.

압력냄비 효과

마음이 끓어 넘치기
전에

냄비 뚜껑을 열다

젊고 앞날이 창창한 남자가 여섯 살 연상의 여자와 사랑에 빠졌다. 여자는 이혼 경험이 있고 아이도 한 명 있었다. 두 사람은 자연스레 서로 약속이나 한 듯이 남의 시선을 피해가며 사랑을 키워나갔다.

남자는 아이도 자신의 친딸인 양 아끼고 사랑했다. 여자와 함께 매일 학교까지 마중을 갔고, 심지어 부모 수업에도 참석했다. 아이에게 얼마나 헌신적이었던지, 나중에 아이의 친부가 아니라는 사실을 안 선생님이 깜짝 놀라며 존경스럽다고 할 정도였다. 가족 모임에서도 마찬가지였다. 아이 역시 남자를 '파파'라고 부르며 잘 따랐다. 남자는 너무나 행복했다. 벌써 온전한 한 가정을 이룬 것 같았다.

하지만 행복은 길지 못했다. 방학을 맞아 친아빠에게 아이를 데려다

주러 갔다가 그만 '한 가족'이었던 세 사람의 모습을 보고 만 것이다. 비록 짧은 순간이었지만 그때 남자는 자신이 철저한 타인이라는 느낌을 받았다. 아무리 애쓰고 노력해도 아이가 아버지의 날에 손수 만든 카드를 보낼 대상은 자신이 아닌 친아빠일 터였다. 이런 감정을 여자에게 조금 내비쳤던 날, 두 사람은 처음으로 크게 다퉜다. 그 이후로도 남자가 섭섭한 소리를 하면 어김없이 언쟁이 벌어졌다. 하지만 아무리 싸워도 어느 방향으로든 결론이 나지 않고, 두 사람 모두 지칠 뿐이었다.

남자는 점차 가슴에 담긴 말을 하지 않게 되었다. 두 사람의 관계를 지키려면 진심을 아무렇게나 내뱉을 수 없었다. 아이도 예전만큼 예쁘지 않고 오히려 짜증스러울 때가 점점 늘어났다. 하지만 여자와 둘이만 있으면 모든 것이 완벽했다. 그녀는 이 세상에서 그를 가장 잘 사랑해줄 수 있는 사람이었다. 가끔씩 '아이가 없으면 얼마나 좋을까'라는 생각이 들었지만 그것은 불가능한 일이었다.

막다른 골목에 다다른 지경이었다. 여자와 헤어져 이 상황에서 벗어나자니 그러기에는 그녀를 너무 사랑했다. 그렇다고 이 상태에 계속 머물러 있자니 평생 이런 기분으로 살아야 한다는 상상만으로도 가슴이 답답해졌다.

남자는 점차 어두워졌다. 직장에서도 예전처럼 에너지가 넘치지 않았다. 늘 곧게 펴져 있던 어깨가 축 처지고, 당당했던 걸음이 무거워졌다. 사랑하는 사람에 대한 자신감과 당당함도 잃어버린 지 오래였다.

마음이

고통받도록 방치하는 것은 자기 학대다

남자는 내게 분석을 요청했다. 자신이 지금 대체 어떤 심리인지 알고 싶다고 했다.

하지만 이 상황에서 중요한 것은 내 분석이 아니라 그가 현재의 자신을 어떻게 보고 해석하고 있는가였다. 내가 그렇게 말하자 남자는 곰곰이 생각하더니 상당히 의미심장한 답을 내놓았다.

"지금 제 마음은 압력냄비 같아요. 아니, 압력냄비에 들어가 있다는 게 더 옳은 표현 같네요. 누가 불을 땐 것도 아니고 외부 압력이 전혀 없는데도 혼자 푹푹 쪄지면서 압력만 높아지는 기분이에요."

나는 그의 절묘한 표현에 감탄하며 또 물었다.

"그럼 누가 당신의 마음을 압력냄비에 넣었을까요?"

한참 말이 없던 남자는 자신이 그랬다고 대답했다. 어떻게 넣었느냐고 묻자 이런 대답이 돌아왔다.

"스트레스와 감정과 생각을 입 밖에 내지 않고 전부 마음에 가둬두면 돼요."

"그렇게 하면 뭐가 좋은가요?"

그는 또다시 한참을 생각했다.

"최소한 다른 사람을 힘들게 만들지 않을 수는 있겠죠."

나는 웃으며 그에게 말했다.

"당신은 정말 착한 사람이네요."

며칠 후, 그가 다시 찾아와 압력냄비를 열었다고 알렸다. 어떻게 그 런 결심을 했느냐고 묻자 이대로 있는 것 자체가 자기 학대라는 생각 이 들었다고 했다. 자신의 마음은 음식과 달리 생생히 살아 숨 쉬는데 그런 마음을 압력냄비에 가둬둔 채 계속 고통받도록 방치하고 구하지 않는 것은 자신에게 너무나 가혹한 짓 같다고 그는 차분하게 말했다.

"압력냄비의 뚜껑은 어떻게 열었나요?"

"간단해요. 그동안 억누르기만 했던 감정을 있는 그대로 받아들였어 요. 감정을 인정하니까 마음이 저절로 제 걸음을 인도해서 어떤 행동 들을 하게 하더군요. 예를 들어 그녀에게 이렇게 말했어요. 매일 아이 와 셋이 같이 있고 싶지 않다, 나는 아직 젊고 우리 둘만의 생활도 해 보고 싶다, 나를 이기적이라 생각해도 어쩔 수 없고 내게 실망했대도 어쩔 수 없다, 더 이상 스스로 비참해지고 싶지 않다 ……. 그렇게 우 리 두 사람의 사랑을 소모하고 싶지 않다고도 했어요."

여자가 헤어지자는 뜻이냐고 물었다고 했다. 나 역시 고개를 열심히 끄덕이며 듣다가 그런 의미였느냐고 물었다. 그는 어깨를 으쓱이며 말 했다.

"저도 모르겠어요. 그냥 하고 싶은 말을 했을 뿐이에요. 안 되나요?"

단지

하고 싶은 말을 했을 뿐이다

'안 되나요?'

　그의 질문을 듣는 순간 나는 속으로 무릎을 쳤다. 그렇다. 그는 그저 하고 싶은 말을 했을 뿐이다. 그러면 안 되는가? 무엇을 변화시키겠다는 마음도, 얻어내겠다는 의도도 없이 그저 말하고 싶어서 말하면 안 되는가? 세상에 단지 말하고 싶다는 이유만으로 말하는 사람이 정말 단 한 명도 없을까? 아무것도 기대하지 않고 무언가 바꾸겠다는 마음도 없이 그저 '말하고' '듣기'만 하면 되는 일이 정말 단 하나도 없단 말인가?

　일 년 뒤, 나는 그와 다시 만났다. 요즘 어떻게 지내느냐고 묻자 이런 대답이 돌아왔다.

　"우리, 헤어지지 않았어요."

　그는 그늘 한 점 없는 얼굴로 웃었다.

　"사실 해결된 건 하나도 없어요. 아이는 여전히 찰떡처럼 들러붙어 있고, 그런 아이를 볼 때마다 여전히 마음 한구석이 불편하죠. 그래도 요즘에는 하고 싶은 말이 있으면 그때그때 해요."

　어쨌든 최소한 자신감은 회복했으니 이젠 운명을 따라갈 수밖에 없지 않겠느냐고 덧붙였다.

그로부터 또다시 일 년이 흐른 뒤, 남자와 여자는 결혼했다. 피로연 자리, 결혼한 소감을 묻는 말에 그는 이렇게 대꾸했다.

"모르죠, 우리도 언젠가 갈라서게 될지. 세상에 누가 알겠습니까?"

신부 측 부모님은 깜짝 놀라 눈을 둥그렇게 떴고, 신랑 측 부모님은 아연실색해서 그에게 눈 흘기기 바빴으며, 친구들은 전부 박장대소했다. 속사정을 다 아는 나로서는 그의 말이 감격스러웠다. 그리고 생각했다.

그야말로 아주 철저하게 냄비 뚜껑을 열어젖혔구나!

말하지 못하고 꾹꾹 억눌러둔 감정들이 터져 나와
관계를 망치기 전에 용기를 내어 하고 싶은 말을 하다

사람은 상처를 받거나 도무지 해결하지 못할 일을 맞닥뜨렸을 때 '억압repression'
이라는 방어 기제를 발동한다.

'압력냄비 효과'는 억압의 개념에서 한발 더 나아가 이러한 상황에서 어떻게 대
처하고 대응할지를 다룬 것이다.

내 감정과의 대화

때로는 마침표를 찍는 의식이 필요하다.

둥그렇게 찍힌 마침표가 있어야 비로소 마음껏 슬퍼할 수 있다.

미완의 인생을 다시금 살아가기 위해, 때로는 확실한 마침표를 찍어야 한다.

미완성 효과

마침표가 찍히지 않은 결론은
진짜로

끝난 것이 아니다

대학에서 심리학 수업을 할 때면 학기 초에 반드시 내주는 과제가 있다. 일명 '아쉬움 청산 프로젝트'로, 제출 기한은 기말이다. 살면서 꼭 하고 싶었지만 아직 해보지 못한 일을 하나 골라 학기 내에 시도하는 것이 이 과제의 골자다. 일을 완수했을 경우에는 그 과정과 느낀 점을, 완수하지 못했을 경우에는 왜 완수할 수 없었는지를 심리적으로 탐구한 내용과 자기 분석을 제출해야 한다.

얼마 전 한 학생이 기말도 되기 전에 과제를 제출했다. 그녀가 과제를 받자마자 가장 먼저 떠올린 것은 자신을 매몰차게 차버린 첫사랑이었다. 사실 헤어진 후로 한 번쯤은 그를 만나고 싶었지만 여태껏 엄두도 못 내다가 과제를 핑계로 용기를 내어 연락했다고 한다. 상대는 그리 내키지 않은 듯했으나 어쨌든 만나자는 그녀의 요청을 받아들였다. 만나기로 약속한 곳은 예전에 두 사람이 자주 데이트하던 공원이었다. 드디어 만나기로 한 날, 그녀는 약속 시간 전에 공원에 도착해 그를 기다렸다. 초조하게 기다리고 있는데, 저 멀리서 익숙한 그림자가 나타났다. 옛 남자 친구였다. 그는 천천히 걸어와 그녀 앞에 멈춰 섰다. 그가 인사를 하려는 순간, 그녀는 아무 말 없이 다짜고짜 그의 뺨을 세게 때리고는 뒤도 돌아보지 않고 그 자리를 떠났다.

제대로 된 끝이 없으면
제대로 된 슬픔도 없다

과제를 읽은 후, 나는 참지 못하고 주인공을 불렀다. 그때의 상황을 좀 더 자세히 듣고 싶었기 때문이다. 뺨을 때렸을 때 상대가 어떻게 반응했느냐고 묻자 그녀는 이렇게 대답했다.

"아무것도요. 그저 멍하니 서 있는 것 같더라고요."

나도 모르게 웃음이 새어 나왔다.

"그래요? 그럼 그쪽도 자기 잘못을 안다는 뜻이네요."

내심 안도의 한숨을 내쉬었다. 상황이 별문제 없이 일단락되어 천만다행이었다. 내가 내준 과제를 하려다가 폭력 사태라도 벌어졌다면 큰

일 아닌가.

빰을 때리니까 기분이 어땠어요? 나의 물음에 그녀는 약간 부끄러워하며 사실 세게 때리지도 못했어요, 라더니 한마디를 덧붙였다.

"그래도 기분은 좋더라고요."

그녀는 그에게 일방적으로 이별 통보를 받은 후 몇 년 동안 우울증에 시달렸다고 했다. 체중이 줄고 초췌해지는 등 몸도 많이 망가졌지만 더 망가진 것은 마음이었다. 그날 이후 인간 불신이 생겼고 제대로 된 연애도 하지 못했다. 그날 그를 만나 그의 빰을 때린 것은 그녀에게 일종의 종결 의식이었다. 그를 향해 손을 뻗는 순간 여태껏 자신을 질기게 옭아매고 있던 감정의 거미줄이 죄다 끊어지는 것 같았다고 했다.

그 고백과 동시에 그녀는 울기 시작했지만 나는 진심으로 기뻤다. 그녀가 과거에 끝내지 못한 일을 마침내 끝내고, 비로소 자신의 상실을 진정으로 애도할 수 있게 되었기 때문이다. 우리는 충분히 마음껏 슬퍼한 뒤에야 비로소 다시 앞으로 나아갈 힘을 얻는다.

최근 몇 년 동안 나는 아쉬움에도 여러 가지 종류가 있다는 생각을 하게 되었다. 어떤 아쉬움은 어떤 행동을 하고 싶었지만 하지 않았거나 못 했던 데서 비롯되는 미완성의 감정이다. 예를 들어 가까운 친척이 돌아가시기 전에 얼굴을 뵙지 못했다거나, 애인과 헤어질 때 하고 싶었던 말을 하지 못한 상황 등이 그렇다.

그리고 그보다 더 깊은 측면의 아쉬움이 있다. 바로 자신의 잘못에 대한 후회다. 이런 아쉬움에는 '그때 그렇게 하지 말았어야 했다'라든지 '한 번만 더 기회가 온다면 이렇게 하겠다'는 식의 생각이 따라붙는다. 이는 다루기가 훨씬 어려운 감정이다. 단순히 예전에 하지 못한 일을 해낸다고 해서 끝나는 것도 아닌 데다 이미 벌어진 상황을 바꾸거나 심지어 철저히 되돌리고 싶다는 불가능에 가까운 갈망이 더해져 있기 때문이다. 이런 아쉬움을 가진 사람은 무의식적으로 스스로를 벌할 가능성도 훨씬 높다.

'후회'의 감정을 극복하려면
'새로운 정리'가 필요하다

열여섯 살 때 나나는 부모와 심각한 갈등을 겪었다. 그녀는 부모님이 지나치게 엄격하며 자신을 이해하지 못한다고 생각했다. 그래서 늘 외로움을 느꼈고 인터넷으로 알게 된 친구들과 채팅을 하면서 답답함을 풀었다.

그날도 나나는 부모와 크게 다투고는 곧장 방으로 들어와 컴퓨터를 켰다. 평소 말이 잘 통했던 한 남성 친구에게 한바탕 하소연하자 상대가 위로해주겠다며 만나자고 제안했다. 안 그래도 기분이 바닥이었던 그녀는 별생각 없이 한밤중에 몰래 집을 빠져나가 그 친구와 만났다.

하지만 그는 혼자가 아니었다. 그날 밤, 나나는 낯선 남자들에게 황량한 교외로 끌려가 몹쓸 짓을 당했다.

상대는 이 일을 입 밖에 내지 말라며 나나를 협박했다. 집으로 돌아온 그녀는 몸을 씻고 또 씻었다. 그러나 아무리 씻어도 깊은 치욕감과 절망감은 사라지지 않았다. 나나는 길었던 머리카락을 싹뚝 잘라버렸다. 여자처럼 꾸미지도 않았다. 그날 이후로 지금까지 쭉 그랬다.

'후회'는 돌이킬 수 없는 일에 대한 감정이라는 점에서 치명적이다. 과거를 바꿀 수 없다는 무력감 때문에 우리는 이 복잡한 감정을 의식의 가장 밑바닥에 억눌러놓고 자꾸 외면한다. 하지만 외면한다고 해서 있는 감정이 없어지지도, 이미 벌어진 일이 없어지지도 않기에 무의식적으로 스스로를 벌한다. 나나 역시 더 이상 머리카락을 기르지 않고 치마 대신 바지만 입는다. 한때 가장 좋아하는 색이었던 분홍색을 보기만 해도 '역겹다'고 느끼며 스스로를 벌하고 있었다. 사실 '분홍색이 역겹다'는 표현의 배후에는 지나치게 여성스러운 자신에 대한 혐오가 있었다.

수없는 상담과 격려 끝에 나나는 마침내 분노를 넘어 마음 밑바닥에 숨은 후회를 보게 되었다. 그녀는 끝없이 후회했다. 부모님과 싸우지 말았어야 하는데, 한밤중에 몰래 집을 나가지 말았어야 하는데, 인터넷에서 알게 되어 얼굴 한 번 본 적 없는 사람을 믿지 말았어야 하는데 ……. 이런 후회도 했다. 그날 그 일이 벌어졌을 때 즉시 경찰에 신고할걸, 그놈들을 그냥 놓아주지 말걸, 어떻게든 법의 심판을 받게 할걸 ……. 그간 겹겹이 쌓이고 뒤엉킨 감정들이 폭포수처럼 흘러나왔다.

말해요, 다 말해버려요. 나는 나나의 어깨를 계속 도닥여주었다.

후회라는 감정에 깊이 빠지면 말해도 소용없다고 느끼게 된다. 말해봤자 이미 벌어진 일을 바꿀 수는 없기 때문이다. 그래서 입을 다물고, 아직 종결되지 못한 감정에 붙잡혀 홀로 허우적댄다. 이러니 생활이 제대로 될 리가 없다.

그러나 후회의 감정에 제대로 극복하려면 반드시 '새로운 정리'가 필요하다. 그때 당시에 자신이 왜 그렇게 했는지 혹은 왜 그렇게 하지 않았는지, 과거의 자신은 어떤 사람이었는지, 어떤 상황에 처해 있었으며 무엇을 어쩔 수 없었는지 하나씩 돌아보며 정리해야 한다. 일단 이러한 세부 사항들이 확실히 정리되고 나면 스스로를 위해 어떻게 해야 할지 대강의 그림이 보인다. 또한 지금의 자신에게서 과거에는 가지지 못했던 새로운 강점과 자원을 발견하게 된다.

아쉬움은 아직 끝마치지 못한, 혹은 완성하지 못한 부분을 끝내거나 보완하면 사라진다. 그러나 어떤 일들은 끝나지도, 완성되지도 못한 채 평생을 가져가게 된다. 그러나 그것조차 새롭게 정리를 거치면 더 이상 나의 발목을 잡지 못하게 만들 수 있다. 새로운 인생이란 이렇게 만들어나가는 것이다.

제대로 종결되지 못한 어떤 일은
기억의 창고에 있지 않고 마음에 남아 에너지를 빼앗다

심리학 이론 중 '미해결 과제Unfinished business'라는 개념이 있다. 게슈탈트 심리학에서 제시된 것으로 '전경'과 '배경'을 이용해 특정한 사람이나 사물이 사라지지 않고 마음에 남는 현상을 말한다.

게슈탈트 심리학에 따르면 미해결된 일은 계속 마음에 남아 심리적 불만족과 에너지 소모를 불러온다. 마음 깊은 곳에 두드러진 '형상'을 형성하는 것이다. 이 형상은 우리가 눈앞의 실질적인 일에 집중하지 못하도록 방해하며, 지금 일어나는 일들을 오히려 심리적 '배경'으로 만들어 관심 밖으로 밀어낸다. 완결되지 않고 가슴에 남아 있는 과거의 일 때문에 현재를 살아갈 수 없게 되는 셈이다.

'미완성 효과'란 미완성의 과제를 완성하기 위해 우리가 시도할 수 있는 방법에 대한 이야기를 다룬 것이다.

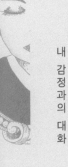

내
감
정
과
의
대
화

우울은 마음의 틈으로 흘러 들어와 조용히, 착실하게 몸집을 불려간다.
내가 숨 쉴 수 있는 구멍을 전부 막아버릴 때까지, 계속 그렇게 자라난다.

알아차리지 못한
우울이

깊은 병이 되다

한동안 툭하면 눈물을 흘리던 때가 있었다. 영화 보다가도 울고, 출근 길 라디오에서 감동적인 사연이 흘러나와도 울었고, 퇴근길에도 알 수 없는 피곤함을 느끼면 눈물을 찔끔 흘리기도 했다. 그러던 중 불현듯 예전에 한 정신과 의사가 한 말이 떠올랐다. 이런 종류의 감정은 마음 을 박쥐에게 점령당한 것과 같다는 것이다. 어둠 속에서는 퍼덕이는 날 갯짓 소리가 크게 들릴수록 박쥐의 존재를 강렬하게 느낄 수 있다. 하 지만 눈에 보이지 않기에 어떻게 형용해야 할지 알 수 없고, 어떻게 몰 아내야 할지는 더더욱 알 수 없는 상태다. 그뿐만이 아니다. 무슨 일을 해도 영 기운이 나지 않고 머리와 반응이 점차 둔해지기도 한다. 그저 먹고 자고만 싶거나 반대로 먹기도 자기도 싫어진다. 내가 전혀 달라진 것 같은 기분마저 든다. 그뿐인가. 태양이 빛나는 아침이 되어도 희망이 느껴지지 않고, 어두운 밤이 다가오면 그 어둠에 휩쓸려 녹아버릴 듯 위태롭다. 그렇다. 우울해진 것이다.

'우울증'은 병이지만 우울은 누구나 보편적으로 가지고 있는 감정의 색채다. 그렇기에 사실 마음만 먹으면 얼마든지 우울에서 벗어날 수 있다. 중요한 것은 우울이라는 안개의 배후에 과연 무엇이 있는지를 제대로 파악하는 일이다.

짙은 안개 속에 빠졌다고
소리 내어 말하다

성실한 직장인인 아칭은 서른이 다 되도록 연애 한번 한 적 없는 모태 솔로다. 동료들이 여러 차례 소개팅을 주선해주었지만 교제까지 이어진 적은 없었다. 상대 여성들은 아칭에 대해 '착하고 성실하지만 너무 숫기 없고 얌전해서 별다른 감정이 생기지 않는다'는 소감을 남겼다. 세월이 흐르고 주변 친구들이 하나둘 장가를 갈 때까지도 아칭은 여전히 혼자였다.

어느 날, 아칭은 낯선 번호로 문자 한 통을 받았다. 문자 내용을 보면 아주 친한 사람에게 보낸 듯했지만 아칭은 아무리 생각해도 번호의 주인이 누군지 알 수가 없었다. 그가 고민 끝에 그 번호로 전화를 걸자 웬 묘령의 여자가 전화를 받았다. 알고 보니 잘못 보낸 문자였다. 하지만 이것도 인연이라고, 두 사람은 이야기 끝에 통성명까지 하게 되었다. 아칭은 그렇게 미우를 알게 되었다.

미우는 매우 명랑한 아가씨였다. 첫 통화에 아칭을 상대로 무려 세 시간이나 대화를 이끌 정도로 붙임성도 좋았다. 아칭은 여자와 이 정도로 친근하게 이야기를 나누어본 적이 없었기 때문에 자연스레 미우에게 호감이 생겼다. 미우 역시 진중한 아칭이 마음에 들었는지, 그날 이후로 자주 전화를 걸어왔다. 대부분 미우가 말하는 것을 아칭이 듣는 식이었지만 두 사람은 통화가 거듭될수록 점점 더 가까워졌고, 마침내 서로 얼굴을 보기로 했다. 처음 만난 날, 미우가 먼저 아칭의 손을 잡았다. 아칭은 자신의 심장이 터질 듯 뛰는 소리를 들었다. 그는 그렇게 사랑에 빠졌다.

아칭과 미우는 사귀기 시작했다. 하지만 손을 잡는 것 이상으로 가까워지지는 못했다. 아칭이 다가가려 할 때마다 미우가 피했기 때문이다. 고민 끝에 아칭이 왜 그러느냐고 묻자 미우는 아버지가 아프셔서 그렇다고 대답했다. 비록 아칭과 함께하는 시간이 즐겁기는 하지만 아픈 아버지만 떠올리면 마음이 가라앉는다는 것이다. 약값과 병원비를 대느라 하루에도 아르바이트를 몇 개씩 해서 피곤하다는 말도 했다. 천성이 착하고 단순한 아칭은 미우가 경제적으로 어려움을 겪고 있다는 이야기를 듣자마자 아무런 의심 없이 자신이 도울 수는 없느냐고 물었다.

미우는 한참을 망설이다가 백만 달러를 빌려줄 수 있느냐고 물었다. 아버지가 병을 털고 일어나기만 하면 아칭과 결혼할 수 있다는 말도 덧붙였다. 아칭은 자신이 수년간 일해서 번 피 같은 돈을 선뜻 미우에게 건네주었다. 하지만 돈을 건네준 그날, 미우는 자취를 감추었다.

아칭은 사랑도 잃고 돈도 잃었다. 그는 더욱 일에 매달렸다. 심지어 회사에서 숙식하며 일에 몰두했다. 그의 머릿속에는 온통 잃어버린 돈을 다시 벌겠다는 생각뿐이었다. 제대로 먹지 않았고 잠도 거의 못 잤다. 수시로 멍해졌다가 정신 차리기를 거듭했다. 하지만 그가 이상하다는 것을 알아챈 사람들이 무슨 일이 있느냐고 물어도 끝까지 아무 일도 없다고만 했다. 그러다 결국 과로로 쓰러져 입원하고 말았다. 가장 친한 동료가 병문안을 왔을 때, 그는 비로소 자신이 겪은 일을 전부 털어놓았다. 그 일을 입 밖으로 소리 내어 말한 것은 그때가 처음이었다.

이후 아칭은 정신과에서 한동안 집중적인 상담과 치료를 받으며 마음의 상처를 돌봤다.

아칭은 미우를 경찰에 고소하기로 결정했다. 돈을 찾겠다는 의도보다는 스스로를 위해 무언가 해야겠다는 마음이 더 컸다. 자기도 스스로 고통으로 점철된 기억을 벗어날 수 있다는 사실을 확인하고 싶었다.

자신을 위해 무언가 하는 순간,
살아갈 힘을 되찾다

아무리 순조로운 인생이라 해도 누구나 한두 번쯤은 거대한 바위와 맞닥뜨리게 된다. 어떤 바위는 높은 곳에서 떨어져 미처 알아차리기도 전에 머리를 터트려 피범벅을 만들고, 어떤 바위는 가야 할 길을 떡하니 가로막고 앉아 아무리 밀어도 움직이지 않는다. 이런 난감한 상황에 처하면 자신도 모르게 스트레스가 쌓이고, 마음 깊은 곳에서 우울함이 피어오른다. 눈앞의 세상이 어두컴컴하게 변하고, 뚜렷했던 인생의 방향도 어느새 안개에 묻힌다.

나도 아칭처럼 우울을 겪은 적이 있고, 당신도 예외는 아니다. 우리가 우울해지는 이유는 제각각이지만 감정이 한없이 가라앉으며 무기력해진다는 점에서는 모두가 똑같다. 우울을 끝내는 방법도 크게 다르지 않다. 자신을 우울의 안개에 빠지게 한 원인을 소리 내어 말하고 상황을 다시 정리한 뒤, 스스로를 나아지게 만들기 위해 무언가 실질적인 행동을 하는 것이다.

햇빛을 많이 쐬거나 운동을 하는 것도 도움이 되지만 나는 '결자해지結者解之'(매듭을 묶은 자가 풀어야 한다는 뜻-역자)가 훨씬 효과적이라고 믿는다. 자신을 표현할 권리를 쉽게 포기하지 말고 적극적으로 행사해야 한다. 그렇지 않으면 우울한 상태가 몇 년이고 지속되다가 결국 병으로 악화될 수도 있다. 다행히도 후천적으로 발생한 우울함은 대개 원흉을 찾아낼 수 있기 때문에 스스로를 위해 무언가를 실행할 기회도 얻을 수 있다.

물론 무언가를 한다고 해서 반드시 사정이 나아지거나 회복되거나 억울함이 온전히 풀리지 않을 수도 있다. 그러나 나 자신을 위한 일을 할 때 우리는 최소한 살아갈 힘을 되찾게 된다. 고민하고 깨닫고 행동하는 일은 언제나 힘을 주기 때문이다.

무엇을 고민하고 깨달아야 하는가? 자신에 대해 고민하고 스스로를 깨달아야 한다. 자기 자신을 명확하게 깨닫고 나면 어떻게 말하고 어떻게 행동하고 싶은지, 또 어떻게 해야 후회가 남지 않을지 알 수 있다. 그런 뒤 행동하면 어느 순간 자신의 마음을 무겁게 짓누르던 바위에서 벗어나게 된다.

눈에 띄지 않던 부평초가 자주 보이는데도
이를 무시하면 부평초로 가득해지는 것은 순식간이다

부평초(일명 개구리밥)가 처음 연못에 생기기 시작할 때는 그다지 눈에 띄지 않는다. 하지만 사람들이 그 존재를 알아차릴 때쯤이면 연못은 이미 부평초 천지다. 부평초 같은 우울이 마음을 침범하기 시작할 때 그 징조를 무시하지 말고 자신의 감정을 돌볼 골든타임을 놓치지 말라는 의미에서 고안해낸 개념이 바로 '부평초 효과'다.

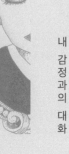

내
감
정
과의
대
화

나와 너, 나와 그 사이를 하나의 궤도가 소리 없이 관통한다.

꿍음을 올리는 기차가 그 궤도를 따라 나의 감정으로 뛰어들고,

자욱이 날리는 먼지바람이 마음의 눈을 가린다.

너는 어디에, 그는 또 어디에 있지?

그건 중요하지 않아.

기차가 말한다.

그래, 그건 중요하지 않지. 중요한 것은 단 하나.

나는 어디에 있지?

타임머신 효과

지금 느끼는 것이
반드시

진짜 감정은 아니다

나날이 열기를 더해가는 여름, 빛을 쫓아 집 안으로 침입한 모기들이 불 꺼지기를 기다렸다가 본격적인 사냥에 나선다. 목표물은 물론 열기를 뿜어내는 인간이다.

우리 집에서 모기의 공격을 가장 많이 받는 사람은 남편이다. 여름에 태어나서 그런 것인지, 아니면 몸에서 거부할 수 없는 치명적인 향기가 나서 그런 것인지 알 수 없지만 남편은 언제나 모기의 집중 공격을 받는다. 아무리 대비하고 방책을 세워도 어둠 속에 숨어 틈을 노리던 모기들에게 속수무책으로 당할 때가 한두 번이 아니다.

남편은 잠귀마저 밝은 편이라, 아무리 깊게 잠들었다가도 모기가 윙윙대는 소리가 들리면 즉시 일어나 득달같이 불을 켠다. 그러고는 천하

대장군처럼 우뚝 서서 허공을 매섭게 노려보며 단잠을 방해한 원흉을 찾는다. 남편과 달리 잠귀가 매우 어둡고 한번 잠들면 잘 깨지도 않는 나는 모기가 귓전을 아무리 울려도 그냥 이불을 머리끝까지 덮고 다시 잔다. 개인적으로는 달콤한 잠을 포기하느니 피 몇 방울 적선하고 말자는 주의다. 그러나 방 안에 불이 켜지고 옆에 누워 있던 남편이 살기등등하게 허공을 노려보기 시작하면, 잠에 취해 정신없는 와중에도 남편과 함께 적을 소탕하지 않으면 안 될 것 같은 의무감에 억지로 일어나 앉는다.

'이렇게 해야만 상대가
나의 진심을 알아줄 것'이라는 착각

처음 몇 번은 나도 억지로 눈꺼풀을 들어 올리고 일어나 내가 낼 수 있는 최대한의 전투력을 발휘해 모기 수색에 동참했다. 벽면을 샅샅이 훑고 고개가 꺾여라 천장을 올려다보고 커튼 사이사이와 옷장까지 살폈다. 하지만 그 작고 가증스러운 벌레는 번번이 사각지대에 숨어 있다가 우리가 불을 끄고 자리에 누우면 다시 윙윙거리기 일쑤였다. 그 소리를 들은 남편이 벌떡 일어나 불을 켜고 모기를 찾다 실패하고 불을 끄고 누우면 또다시 윙윙 소리가 들리고 ……. 이러기를 하룻밤에 몇 번이나 반복하는지 모른다.

참을성 있고 끈질긴 성격의 남편은 모기를 잡을 때까지 그만두지 않았다. 남편은 그렇다 치고, 내가 괴로워 죽을 지경이었다. 그깟 모기에 집착하며 밤새 열몇 번씩 불을 켜대는 남편이 짜증스럽고 원망스러웠지만 아무 말도 못 했다. 모기의 집중 공격을 받는 당사자 입장에서 생각하면 그만 포기하고 잠이나 자자는 말이 차마 나오지 않았다. 게다가 괴로워하는 남편을 두고 혼자 잘 자는 것이 어쩐지 배신행위 같고 이기적으로 느껴졌다.

이렇듯 알 수 없는 죄책감과 짜증에 시달리며 자는 둥 마는 둥 하다 보면 어느새 부옇게 날이 밝아온다. 어쩔 수 없이 멍한 머리를 흔들며 침대에서 일어나는 순간 모기에게 느끼는 증오는 말로 형용할 수 없을 정도다. 심지어 나는 단 한 방도 물리지 않았는데 말이다.

그런데 최근 들어 '감정의 배후에 숨겨진 맥락 파악하기'에 대해 연구하기 시작하면서 달라진 점이 있다. 잠을 설치고 난 아침, 거울 앞에 앉아 머리를 빗으며 지난밤을 복기하기 시작한 것이다. 나와 남편(과 모기) 사이에 어떤 상호 작용이 있었는가? 그는 무엇을 했고 나는 어떻게 행동했는가? 그때 나는 무슨 말을 했고 어떤 감정을 느꼈는가? 무엇을 생각하고 걱정했는가? 무엇이 기쁘고 무엇이 불쾌했는가?

복기와 자문자답을 하면서 나는 내가 사람과 사람 사이의 상호 이해와 관심 표현을 얼마나 중요하게 생각하는지 깨닫게 되었다. 속마음은 계속 자고 싶으면서 억지로 일어난 것은 상대에게 내 '관심'을 표현하기 위해서였고, 잠에 취해 무슨 말을 하는지 모르면서도 몇 번이고 남편의 하소연에 응답했던 것 역시 내가 상대의 고충을 얼마나 '이해'하고 있는지 알리려는 의도 때문이었다.

이는 상당한 에너지를 소비하는 자동화된 행동이다. 여기에는 '이렇게 해야만 상대가 나의 진심을 알아줄 것'이라는 생각이 깔려 있다. 다시 말해 내가 상대를 얼마나 중요하게 생각하는지를 일부러 애써서 표현하지 않으면 상대가 나의 사랑을 모르리라고 생각하는 것이다. 한편으로는 이렇게 해야만 상대의 사랑과 존중을 받을 기회가 있다고 믿는 심리도 있다. 대체 이런 종류의 심리적 부담은 어디서 비롯된 것일까?

자신도 모르게 배워서
따라 하는 엄마의 사랑 방식

갑자기 엄마가 생각났다. 정확히 말하면 엄마가 나를 위해 했던 모든 희생과 배려가 떠올랐다. 내가 어렸을 때 방에 모기가 있으면 엄마는 항상 조용히 일어나 모기를 잡았다. 때로는 아예 불침번을 서기도 했다. 이유는 오직 하나, 내가 모기에 시달리지 않고 편히 자게 하기 위함이었다.

그러나 나의 숙면을 바란 엄마의 희생이 무색하게도 어른이 된 나는 모기에 시달리는 남편과 연합 전선을 구성하느라 밤마다 잠을 설친다. 사실 무시하고 자려면 얼마든지 잘 수 있다. 모기에 물리는 사람도 남편이고 남편이 눈에 불을 켜고 모기를 잡으려는 것도 결국 내가 아닌 자기 자신을 위한 것이니까. 하지만 난 여전히 좀비처럼 일어나 눈을 부비며 남편을 도와 모기를 찾는다. 남편이 그러라고 시키지도 않았는데 말이다. 왜일까?

내 마음을 들여다보며 한참 고민한 끝에 한 가지 결론을 내렸다. 나는 타임머신을 타고 어린 시절로 돌아가 엄마가 나를 사랑했던 방식을 모방하고 있었다. 사실 남편에게 정말 하고 싶은 말은 '됐어! 그만해! 그냥 자자고!'다. 어쩌면 어렸을 때 나를 위해 불침번을 서던 엄마에게도 그렇게 말하고 싶었는지 모른다. 하지만 그런 매정한 말 따위 할 수 없었다. 잠을 설쳐가며 모기를 잡는 방식으로 나를 향한 사랑을 표현하는 엄마의 마음을 그런 식으로 무시할 수는 없었다. 게다가 그런 엄마의 방식이 불편하다고 느꼈으면서도 나는 어느새 엄마와 같은 방식으로 남편에게 사랑하는 마음을 표현하고 있었다.

새삼 엄마에게 감사한 마음과 존경심이 들었다. 모기와의 전쟁 덕분에 그 시절 엄마가 나를 얼마나 사랑하고 아꼈는지를 비로소 알게 된 느낌이었다. 어른이 된 후, 나는 엄마의 그 마음을 제대로 받아들인 적이 별로 없다. 항상 이성과 논리를 동원해서 엄마의 어떤 행동이 나의 성격에 얼마나 부정적인 영향을 미쳤는지 분석할 줄만 알았지, 정작 그 행동이 나를 사랑하는 마음에서 비롯되었다는 사실은 무시했다. 생각해보면 엄마의 무한한 사랑이 빚어낸 기적 같은 일도 많았는데 나를 엄격하게 단속하며 길렀다는 사실 하나에 눈이 가려져 보지 못했다. 자유롭지 않았던 어린 시절 덕분에 성인이 된 내가 오히려 수많은 장점을 갖게 되었다는 점도 간과했다. 그리고 가장 중요한 한 가지, 이미 다 자란 나는 내가 원하는 모양의 어른이 될 수 있다는 사실을 잊고 있었다.

나는 먼저 나 자신의 마음부터 존중하기로 했다. 한밤중에 억지로 일어나 남편이 벌이는 모기와의 전쟁에 참전하지 않기로 했다. 처음에는 좀 불편했지만 불과 며칠 만에 불이 켜진 상태로 자는 데 익숙해졌다. 그리고 어느 순간부터는 옆지기가 분노의 기운을 뿜어내도 예전처럼 안절부절못하지 않고 편안하게 계속 잤다. 그리고 새벽빛에 자연스레 잠에서 깨면 푹 잔 덕분에 한층 너그러워진 마음으로, 지난밤 모기가 얼마나 가증스러웠는지 토로하는 남편의 하소연을 들어주었다.

나의 내면에는 나의 과거와 나의 상상이 있고, 나의 외부에는 나의 바람과 나의 현실이 있다. 마찬가지로 그의 내면에는 그의 상상이 있고, 그의 외부에는 그가 처한 현실이 있다는 사실을 안다.

우리는 같은 방 안에서 각자 지금 나이에 맞는 자신이 되는 법을 배우는 중이다.

어린 시절의 가족 관계에서 느꼈던 감정이
인간관계에서 상호 작용하는 모형으로 자리 잡다

어린 시절의 경험이 성인이 된 후 성격에 미치는 영향에 가장 먼저 주목한 사람은 정신분석학의 창시자 지그문트 프로이트다. 프로이트는 6세까지의 경험이 개인의 인생을 결정짓는다고 보았다. 특히 상처나 트라우마를 겪은 나이가 어릴수록 더 큰 영향을 받는다고 주장했다.

그러나 최근 심리치료 학계에서는 이러한 관점을 수정하려는 움직임이 나타나고 있다. 구조적 가족치료의 창시자 살바도르 미누친Salvador Minuchin은 자신의 인간관계 상호 작용 모형이 어디서 비롯되었는지 이해하고 싶다면 어린 시절의 특정한 경험을 떠올리고 탐색해보아야 한다고 주장했다.

예를 들어 상대와의 상호 작용에서 문제가 되는 행동이 있다면 먼저 과거의 경험을 떠올리며 맥락을 찾는다. 과거에서 현재로 이어지는 맥락을 이해하고 이런 행동이 스스로에게 어떤 의미가 있는지 깨달으면 자연스레 상황을 다른 관점으로 보고, 문제가 되던 상호 작용 방식을 해결할 수 있다.

'타임머신 효과'는 프로이트와 미누친의 이론을 기초로, 과거의 경험과 감정을 탐구함으로써 현재를 이해하고 지금 자신에게 가장 걸맞은 선택을 하는 방법을 소개한 것이다.

믿기로 선택하면 믿음이 긍정을, 긍정이 강인함을,
마침내 강인함이 믿음을 현실로 만든다.
의심하기로 선택하면 의심이 불안을, 불안이 방관을,
마침내 방관이 의심을 현실로 만든다.

잔물결 효과

감사함을 잃지 않으면
언젠가는

좋은 일이 따라온다

사람은 누구나 남이 이해하지 못할 구석이 한두 곳쯤은 있다. 성격이 꼬인 면에서 보자면, 특별히 모난 구석이 없는 나도 고유의 성격적 특징 때문에 스스로 낯부끄러운 일화를 여럿 만들었다. 남들 눈에는 아무 문제도 아닌 일에 걸려 전전긍긍하고, 별것 아닌 말 한마디를 그냥 들어 넘기지 못하는 자신이 답답할 때도 있다. 하지만 이 역시 어찌 할 수가 없다. 나를 그렇게 만드는 감정적 논리는 오직 나만이 이해할 수 있기 때문이다.

   대체 왜 이런 문제가 생길까? 누군가는 쉽게 해치우는 일을, 누군가는 왜 죽기보다도 어렵게 느낄까?

관계 설정을
처음에 어떻게 하느냐에 따라 방식이 달라진다

남편과 결혼했을 당시 나는 아직 대학원생이었다. 우리는 내가 학업을 마칠 때까지 학교 근처에서 살기로 결정하고, 마침 비슷한 또래의 젊은 부부가 사는 널찍한 아파트의 방 한 칸에 세를 들었다.

미리 말해두지만 집주인 부부는 정말 친절하고 예의 바르며 친근한 사람들이었다. 일부러 반찬을 넉넉히 만들어 냉장고에 넣어두고 우리에게 외식 말고 집밥을 먹으라고 할 만큼 인심도 좋았다. 그러나 그들과 함께 산 일 년 동안 나에게는 차마 말할 수 없는 비밀이 있었다. 물론 집주인 부부는 지금까지도 이에 대해 전혀 알지 못한다.

내 비밀은 바로 세탁 방식이었다. 집주인 부부는 맞벌이로, 둘 다 늦은 저녁이 되어서야 파김치가 되어 집에 돌아왔다. 매일 그랬으니 아마 집안일을 할 시간과 체력이 절대적으로 부족했을 것이다. 그 결과 집주인 부부는 내가 부모님 집에 살 때와 비슷한 행동 패턴을 보였다. 빨랫감을 세탁기에 넣고 급수 버튼을 누른 후 다른 일을 하다가 세탁 중이었다는 사실을 까맣게 잊는 것이다. 그렇게 잊힌 세탁물은 짧게는 하루, 길게는 며칠씩이나 세탁기 속에 있다가 나를 맞이했다.

예전에 강연을 하면서 청중에게 당신이라면 이런 상황에 어떻게 했겠느냐고 물었다. 어떤 사람들은 내가 이런 질문을 하는 것조차 이상하게 생각했다. 집주인에게 말하거나 세탁물을 옆에 빼놓고 세탁하면 되지 않느냐는 것이다. 그게 뭐 어려운 일이라고, 고민씩이나.

하지만 나에게는 그게 어려웠다, 너무 어렵고 고민되는 일이었다. 그래서 처음 그 상황을 맞닥뜨렸을 때 나름의 해결책을 찾아내기까지 무려 삼 일이나 걸렸다.

내가 찾아낸 해결책은 이러했다. 먼저 집주인 부부가 집을 비운 낮 시간을 틈타 세탁기를 열고, 세탁물이 담겨 있는 물의 높이와 수면에 떠 있는 거품의 양을 신중히 체크한다. 그런 뒤 엉켜 있는 원래의 모양을 최대한 유지하면서 세탁물을 통에 전부 옮겨 세탁기를 비운다. 마침내 비워진 틈에 재빨리 내 빨래를 돌리고 탈수까지 마친다. 마지막으로 세탁기에 집주인의 세탁물을 다시 넣고, 원래 수위만큼 물을 넣은 뒤 세제를 풀어 수면에 적당량의 거품을 만든다. 끝.

나는 일 년 동안 이런 식으로 빨래를 했다. 그리고 마침내 이사를 갈 때까지 집주인 부부는 내가 그랬다는 사실을 눈치조차 채지 못했다.

"왜 그렇게 고생을 사서 했어요? 기왕 뺐으면 그냥 두지, 집어넣기는 왜 또 집어넣어요?"

"집주인한테 빨래 좀 빨리 해달라거나 세탁물을 잊지 말라고 얘기하면 되잖아요?"

내 이야기를 들은 청중은 하나같이 입을 모아 이렇게 말했다. 하지만 그 와중에도 한두 명은 반드시 고개를 끄덕이며 다 이해한다는 듯, 동감한다는 듯 촉촉하게 젖은 눈빛으로 나를 바라보기 마련이었다.

인생의 시작은
자신을 어떻게 정의하느냐에 따라 달라지다

대체 내 마음에 무엇이 걸려 있기에 말 한 마디를 못 하고 꼬박 일 년을 사서 고생한 것일까? 말과 행동이, 마음과 입이 일치하지 못하는 자신을 이해하기 위해 나는 열심히 기억을 더듬어 올라갔다.

문득 어린 시절 매일 아침 식탁에 빠지지 않고 올라왔던, 날계란이 든 우유가 생각났다. 엄마는 이만큼 영양가 있는 음식도 없다며 매일 우유 안에 날계란을 깨어 넣어주었다. 하지만 나는 그게 끔찍하게 싫었다. 우유도 비린데 더 비린 데다 물컹이기까지 하는 날계란을 함께 마실라치면 속에서 욕지기가 절로 났다. 하지만 단 한 번도 마시기 싫다고 말한 적이 없다. 감히 그러지 못했다. 말해봤자 소용없을 것도 같고, 어쩐지 엄마에게 대드는 것 같았기 때문이다. 그래서 엄마가 옷을 갈아입으러 위층에 올라간 틈을 타 우유를 싱크대에 버리고 재빨리 물을 뿌려 흔적을 없앤 뒤 엄마가 내려올 때에 맞춰서 다 마신 척 컵을 내려놨다. 나는 늘 이렇게 엄마의 비위를 맞췄고, 이런 식의 생존

법칙은 어른이 되어서도 크게 달라지지 않았다.

상담심리 전문가로 일하기 시작한 후 몇 년 동안은 어린 시절의 기억이 수시로 떠올라 괴로웠다. 특히 세탁 문제를 해결한 방식이 어렸을 때 엄마를 대했던 방식과 비슷하다는 생각이 들자 내 성격이 이상한 것은 전부 엄마 탓이라는 확신까지 들었다. 그러나 한 살씩 나이를 먹을수록 두 가지 일을 연결한 논리 자체에 문제가 있다는 사실을 알게 되었다.

먼저 객관적으로 볼 때 집주인 여자는 엄마와 비슷한 점이 전혀 없었다. 또 한 가지, 나는 무의식중에 집주인을 나보다 높은 위치에 두었다. 그 결과 그들과 정상적으로 평등한 관계를 맺을 수 없었다.

나는 그 집에서 나온 뒤에야 내가 집주인과의 관계를 처음부터 잘못 설정했음을 깨달았다. 처음부터 그들을 나보다 위에 둔 탓에 어떻게 해도 편하고 자연스럽게 대할 수 없었던 것이다. 이는 상대의 잘못이라기보다는 내가 이 관계를 신뢰하지 못한 탓이었다.

그래서 나는 사람들에게 부모와의 문제를 먼저 해결해야 한다고 독려한다. 내 경험을 보면 상처밖에 없는 줄 알았던 원가족과의 관계에서 좋은 점을 단 몇 가지라도 찾아냈을 경우, 향후 인생을 살아가는 데 상상 이상의 긍정적 도움을 얻게 된다.

마음이 어린 시절의 경험에만 머물러 있으면 어릴 때의 좌절이 어른이 된 후의 좌절로 확산되고, 심지어 평생의 실패로 이어진다. 왜냐하면 인생은 스스로 자신을 어떻게 정의하느냐에서 시작되어 점차 물결이 퍼져나가는 식으로 변해가기 때문이다.

몇 년 전, 난생처음 엄마에게 내가 날계란이 들어간 우유를 얼마나 싫어했는지 솔직하게 말했다. 그 후로 엄마는 부쩍 내 입맛에 신경을 쓰는 눈치였다. 최근 나는 어느 과자점의 딸기 맛 버터과자에 푹 빠졌는데 그 사실을 어찌 아셨는지 요즘 집에 올 때마다 어김없이 그 과자를 들고 오신다.

솔직히 말하면 반갑다. 말할 수 있는 내가 반갑고, 내 말을 듣고 내 마음에 신경 쓰는 엄마가 반갑다. 다만 딸기 과자의 '잔물결 효과' 탓에 살이 자꾸 찌는 게 고민이다. 하지만 괜찮다. 이것은 '행복한 고민'이니 말이다.

자신을 어떻게 정의하느냐에 따라 세상이 달라지고
가족을 어떻게 정의하느냐에 따라 관계가 달라진다

인본주의 상담의 창시자이자 심리학자 칼 로저스는 '현상학phenomenology'의 개념을 인본주의적 심리 치료에 실제로 적용했다. 현상학이란 내면적 주관이 외부 자극을 해석하는 방식을 연구한 것이며, 인본주의적 치료는 외부 환경이 주관적 세계에 미치는 좋고 나쁜 영향에 중점을 둔다. 결국 '내면세계'와 '외부 환경'은 본래부터 서로 교차, 작용한다는 사실을 알 수 있다.

'잔물결 효과'는 이러한 사실에 기초해서 외부 환경의 긍정적 요인을 통해 내면세계에 긍정적 감정의 기초를 세우고, 부정적 정서를 긍정적으로 승화시키는 순환의 과정을 다룬 것이다.

스스로를 위로하고 **안정감을** 되찾는 **비결 8가지**

1 스스로를 안아준다 안아줄 사람이 없어도 자신이 가장 좋아하는 베개를 꼭 끌어안으며 스스로를 위로하는 법을 배운다.

2 스스로를 응시한다 거울에 비친 자신의 눈동자를 바라보며 내면 깊은 곳의 자신을 만나서 마음을 받아주고 이해하고 포용한다.

3 신뢰할 수 있고 대화가 통하는 사람을 찾는다 마음을 터놓고 이야기할 수 있는 사람을 찾기란 쉬운 일이 아니다. 하지만 타인을 믿을 수 있다는 희망을 품고 찾기를 멈추지 않는다.

4 나만의 안전 지대를 찾는다 산이든 바다든 아니면 도시의 어느 구석이든, 스스로 나약해졌다고 느낄 때 찾아갈 수 있는 곳을 반드시 마련한다.

5 마음이 힘들 때 위로받을 수 있는 음식을 찾는다 평소에 자주 먹지는 않아도 마음이 힘들고 괴로울 때 입에 넣기만 해도 눈물이 날 것만 같은 음식, 일명 자신의 '소울푸드'를 마련한다.

6 **자신의 부족함과 나약함을 이해한다** 과거의 불쾌한 경험과 기억을 외면하지 말고, 그것들을 이해함으로써 진짜 자신에게 더욱 가까이 다가간다.

7 **슬픔을 이기는 자신만의 의식을 만든다** 어떤 일은 아무리 갈망하고 원한다 해도 평생토록 이룰 수 없거나 얻지 못할 수도 있다. 그럴 때 충분히 슬퍼하고 마음껏 애도할 수 있는 나름의 의식을 가진다. 그래야만 좀 더 쉽게 새로운 가능성과 희망을 찾을 수 있다.

8 **하고 싶었지만 해보지 않았던 일을 시도한다** 과거를 바꿀 수 있는 사람은 없다. 그러나 누구든지 새로운 인생을 만들어갈 자격이 있다.

나 자신을
위로하는 길,

내 안에서 찾다

사람들은 몸의 병보다 마음의 병을 받아들이고 인정하기 더 어려워한다. 또한 흔히 마음의 병은 인생에 우여곡절을 많이 겪은 사람에게나 생기는 것이라 생각한다. 부모가 이혼했거나 어린 시절 학대받았거나 사랑하는 이에게 배신당했거나 충격적인 사건을 겪었거나 등등. 그럴 만한 이유가 있으니까, 그만큼 힘든 사정이 있으니까 마음에 병이 생기겠거니 한다. 그래서 남 보기에 별문제 없는 가정에서 큰 굴곡 없이 자란 사람이 마음의 병을 앓으면 잘 이해하지 못한다. 그저 배부른 소리, 자신이 누리는 호강을 모르고 지나친 자기연민에 빠진 한심한 사람으로 본다.

  그러나 그것은 사람의 마음이 어떻게 움직이고 어떻게 자라는지를 모르기에 하는 소리다. 사람의 마음은 그리 간단하지 않다. 누군가는 천근 같은 어려움 속에서도 강인하게 자신을 지키지만 누군가는 깃털 같은 괴로움에도 견디지 못하고 쓰러진다. 남들 눈에는 깃털이지만 그 자신에게는 태산만큼 무거운 짐이기 때문이다. 겉보기에 멀쩡하고 훌륭한 부모라고 해서 자식에게 상처를 주지 않는 것은 아니며, 다정하고 헌신적인 남편이라고 해서 아내를 힘들게 하지 않는 것도 아니다. 사람은 누구나 저마다의 사정이 있고 저마다의 괴로움이 있다. 타인은 이해하지 못하는 자신만의 상처가 있다. 나의 아픔에 경중을 매길 수가 없듯 남의 아픔도 함부로 판단해서는 안 된다.

문제는 남이 아니라
내가 나 자신의 아픔을 이해하지 못할 때다

나 스스로가 나 자신을 이해하고 품고 안아줄 수 있다면 남이 뭐라 하건 쓰러지지 않고 살아갈 수 있다. 하지만 나 자신을 있는 그대로 이해하고 편견 없이 인정하기란 쉬운 일이 아니다. 일단 방법을 모른다.

　우리는 한 번도 스스로를 사랑하고 받아들이는 법을 배운 적이 없다. 자신을 몰아붙일 줄만 알지, 어린아이를 품듯 안아줄 줄은 모른다. 자신의 마음에서 어떤 일이 벌어지고 있는지, 자신이 어떻게 느끼고 어떤 감정을 겪고 있는지 알지 못한다. 아니, 애초에 스스로를 들여다 볼 생각도 하지 않는다. 관심이 전부 밖으로, 타인에게 향한 탓에 스스로를 볼 때도 자기 시각이 아닌 남의 시선에 의지하기 일쑤다. 남의 말에는 귀를 쫑긋 세우면서 정작 자기 내면의 목소리를 듣는 데는 소홀하다. 그러다 어느 날 괜찮았던 모든 것이 더 이상 괜찮지 않은 순간이 닥치면 당황한다. 그간 자신이 앓아온 마음의 병이 눈앞에 드러나는 순간, 그 사실을 부정하며 더 큰 늪에 빠진다. 조금만 더 일찍 스스로의 마음을 들여다보고 위로하기만 했다면 피할 수 있었을 일이다.

나를 위로할 수 있는 가장 좋은 사람은
바로 나 자신이다

이 책을 쓴 저자 쉬하오이는 그런 우리에게 자신의 마음을 들여다보는 법을 일러준다. 타인의 시선에 얽매이지 않고, 이 정도 문제에 이만큼 아파하는 자신을 있는 그대로 인정하고 이해할 수 있도록 이끈다. 나의 마음에 기생하는 감정들, 나의 인생을 좀먹고 있는 생각들을 발견하게 해준다. 남의 목소리에 휘둘리지 않고 스스로를 올곧게 보라고 조언해준다. 나를 위로할 수 있는 가장 좋은 사람은 바로 나 자신임을 알려준다.

저자는 자신의 경험과 실제 상담 현장에서 보고 들은 생생한 사례를 바탕으로 자칫 지루해지기 쉬운 심리학 이야기를 쉽고 재미있게 전달한다. 나보다 인생을 조금 더 살아본 큰언니 혹은 큰누나가 조곤조곤 일러주는 느낌이다. 여기 실린 서른네 가지 '심리 효과'가 전부 자신에게 해당되지는 않을 것이다. 다만 그중 한두 가지라도 스스로의 인생을 조금 더 너그럽게 보는 데 도움이 되기를 진심으로 바란다.

최인애

상처를 치유하고 무너진 감정을
회복하는 심리학 수업

지금 나를 위로하는 중입니다

초판 1쇄 발행 2020년 3월 10일
초판 2쇄 발행 2022년 12월 20일

지은이 쉬하오이
감 수 김은지
옮긴이 최인애
그린이 차이싱위엔
펴낸이 박지원

독자교정단 간현진, 김종령, 박정현, 송혜정, 임정미

펴낸곳 도서출판 마음책방
출판등록 2018. 9. 3. 제2019-000031호
주소 서울시 강서구 공항대로 209, 704호(마곡동, 지엠지엘스타)
대표전화 02-6951-2927
대표팩스 0303-3445-3356
이메일 maeumbooks@naver.com
ISBN 979-11-967827-7-1

한국어판 ⓒ 도서출판 마음책방, 2020

※ 도서출판 마음책방은
　심리, 상담 책으로 지친 마음을 위로하고, 발달장애 책으로 어린 아이들의 건강한 성장을 돕습니다.